Das kleine Lexikon
des Glaubens

Stephan Sigg, Jahrgang 1983, aufgewachsen in Rheineck (Ostschweiz), studierte Theologie in Chur und lebt heute in St. Gallen und ist als Journalist und Autor sowie in der Aus- und Weiterbildung von ReligionslehrerInnen tätig. Inzwischen hat er bei Gabriel mehrere Bücher für Kinder und Jugendliche veröffentlicht.
Mehr unter: www.stephansigg.com

Susanne Göhlich, geboren 1972 in Jena, studierte Kunstgeschichte in Leipzig. Neben dem Studium gestaltete sie Plakate und zeichnete. Seit 2004 arbeitet sie als freie Grafikerin und Illustratorin in Leipzig.

Mehr über unsere Bücher, Autor:innen und Illustrator:innen auf:
www.thienemann.de

STEPHAN SIGG

Das kleine Lexikon des Glaubens

Mit farbigen Bildern von
Susanne Göhlich

Gabriel

Vorwort

Was genau wird eigentlich an Ostern gefeiert? Glauben die Christen in Wahrheit an drei Götter? Und warum prangt an den Autos mancher Christen ein Fisch-Aufkleber?

Wie gut weißt du über den christlichen Glauben Bescheid? Manches hört sich für dich vielleicht kompliziert an oder ist total verwirrend. Schluss mit Kopfzerbrechen! In diesem Buch findest du alle Antworten, einfach und alltagsnah erklärt. Du kannst mit diesem ABC dein Wissen testen und erweitern. Von A bis Z werden die zentralen Begriffe des christlichen Glaubens erläutert. Dabei erfährst du zum Beispiel, wie die Kirche entstanden ist, warum es die Bibel gibt und welche Bedeutung die kirchlichen Feste und Bräuche haben. Du lernst die christlichen Glaubensinhalte und auch Personen kennen, die für das Christentum wichtig waren.

Die Begriffe sind eine Auswahl. Selbstverständlich hätte man noch weitere Begriffe hinzufügen können. Ich habe die Beispiele so ausgewählt, dass die wichtigsten Inhalte des christlichen Glaubens erklärt werden und gleichzeitig möglichst viele Fragen, die mir Kinder immer wieder mal gestellt haben, beantwortet werden.

Ich wünsche dir viel Spaß mit dem Lexikon des Glaubens!

Stephan Sigg

Abendmahl: Wer in eine andere Stadt zieht, feiert mit seinen Freunden meistens ein Abschiedsfest. Er möchte mit allen, die ihm wichtig sind, noch einmal Zeit verbringen und sich von ihnen verabschieden. Auch Jesus kam mit den > Jüngern zusammen, bevor er zum Tode verurteilt wurde. Dieses Abschiedsessen wird Abendmahl genannt. In der Bibel wird erzählt, was geschah: Jesus nahm das Brot, dankte Gott dafür, brach es und gab seinen Jüngern davon. Dann nahm er den Weinkelch, dankte Gott dafür und reichte auch diesen den Jüngern. Sie aßen und tranken miteinander. Jesus gab den Jüngern den Auftrag, sich auch nach seinem Tod zu treffen und miteinander in Erinnerung an ihn Abendmahl zu feiern. »Wo zwei oder drei versammelt sind in meinem Namen, bin ich mitten unter ihnen«, versprach er. Das machen die Christen bis heute. Sie feiern im Gottesdienst das Abendmahl und denken dabei an Jesus, seinen Tod und seine > Auferstehung. Evangelische Christen verwenden Hostien oder richtiges Brot für das Abendmahl, bei den Katholiken essen die Gläubigen > Hostien.

Advent: Wie bereitest du dich auf große Feste vor? Meist gibt es in den Tagen zuvor eine Menge zu tun: Die Wohnung putzen und dekorieren, einen Kuchen oder andere Leckereien backen und Verwandte und Freunde einladen. Weihnachten ist für die Christen ein ganz besonderes Fest, deshalb bereiten sie sich vier Wochen lang darauf vor. Advent kommt aus dem Lateinischen und heißt »Ankunft«. Damit ist die Ankunft von Jesus auf der Welt gemeint, seine Geburt. Die Adventstage sind eine Zeit des Wartens. An jedem Adventssonntag wird eine weitere Kerze am Adventskranz angezündet. Die Kerzen zeigen, dass Weihnachten näher rückt. »Warum dauert es noch so lange bis Weihnachten?«, fragst du dich vielleicht manchmal Anfang Dezember. Im Advent geht es auch darum, sich gerade damit auseinanderzusetzen: Wie gehe ich mit meiner Ungeduld um? Auf was warte ich eigentlich?

Allerheiligen/Allerseelen: Wie viele > Heilige gibt es? Wahrscheinlich einige Hunderte. So genau weiß es niemand. Deshalb feiern die Katholiken am 1. November eine Art »Sammelfest«. Sie gedenken aller Heiligen, die es je gegeben hat. Einen Tag später, am 2. November, besuchen die Menschen auf dem Friedhof die Gräber ihrer verstorbenen Verwandten und Freunde. Sie denken an die Verstorbenen. Sie glauben, dass diese jetzt bei Gott sind und dass es ihnen gut geht. Manche besuchen bereits am 1. November die Gräber und »feiern« Allerseelen einen Tag früher. Denn anders als der 2. November ist dieser in vielen Gegenden ein Feiertag.

Altar: In jeder Kirche steht vorne ein besonderer Esstisch. An diesem Tisch wird das > Abendmahl gefeiert. Es ist der Altar. In alten Kirchen ist er manchmal mit kostbaren Schnitzereien verziert. Die Altäre in evangelischen Kirchen sind meistens schlichter gehalten. Es gibt Altäre aus Holz und auch aus Stein. Der Altar erinnert an den Tisch, an dem sich Jesus mit seinen Jüngern zum letzten Abendmahl versammelt hat. Deshalb gehen die Christen heute sehr respektvoll mit dem Altar um. So sind auf dem Altar nur die Gegenstände zu finden, die für den Gottesdienst und das Abendmahl benötigt werden – er dient nicht als Ablage für normale Gebrauchsgegenstände und es wird auch nicht gerne gesehen, wenn sich jemand am Altar abstützt oder anlehnt. Manche Gläubige halten so etwas für ziemlich respektlos.

Altes Testament: Kennst du Mose, König David oder Jona und den Fisch? Sie haben etwas gemeinsam: Diese Geschichten sind alle im Alten Testament zu finden. Dieser Teil der Bibel wird auch »Erstes Testament« genannt. Er beinhaltet die ältesten biblischen Geschichten. Manche sind schon über zweitausend Jahre alt. Die meisten wurden zuerst viele Jahre lang weitererzählt: die Mütter und Väter ihren Kindern, diese gaben sie wiederum ihren Kindern weiter. Irgendwann wurden sie aufgeschrieben, und zwar auf Hebräisch. Diese Sprache ist ganz anders als Deutsch. Sie hat sogar andere Schriftzeichen. Als man die Geschichten ins Deutsche übersetzte, war das gar nicht so einfach. Denn manche hebräischen Wörter gibt es auf Deutsch gar nicht. Man kann also nicht alles 1 : 1 übersetzen. Der zweite Teil der Bibel heißt > Neues Testament. Es ist jünger als das Alte Testament.

Amen: Was machen deine Eltern, wenn sie eine Diskussion beenden wollen? Manche sagen »Basta!« – Schluss, aus, vorbei. Auch Gebete haben so etwas wie einen offiziellen Abschluss: Amen! Schon in der Bibel kommt dieses Wort vor. Es bedeutet so viel wie »So ist es!« oder »Wahrlich!«. Wenn jemand sein Gebet mit einem »Amen« beendet, bekräftigt er damit alles, was er vorher gesagt oder gedacht hat. Aber Achtung: Mit einem Zauberspruch hat das nichts zu tun! Ob ein Gebet wirkt, hängt nicht davon ab, ob am Schluss das Wort »Amen« hinzugefügt wird. Wenn du ein eigenes Gebet formulierst, muss nicht zwingend ein »Amen« vorkommen.

Apostel: Die Apostel heißen auch > Jünger. Das sind die zwölf engsten Freunde von Jesus. Eigentlich waren es ursprünglich zwölf: Aber Judas hat Jesus verraten, deshalb wird er nicht mehr mitgezählt. Später kommen noch andere Apostel hinzu, zum Beispiel Paulus.

Aschermittwoch: Wer sich heute die Hände oder ein T-Shirt wäscht, verwendet Seife oder Waschmittel. Man braucht nur die Wasch- oder die Geschirrspülmaschine einzuschalten – und schon ist alles wieder sauber! Früher griffen die Menschen zu Asche, um ihre Kleidungsstücke zu reinigen. War der »Aschermittwoch« ursprünglich ein großer Waschtag? Nein, er ist das Ende der Fasnacht und der Anfang der Fastenzeit. An diesem Tag wird in der katholischen Kirche den

Menschen ein Kreuz aus Asche auf die Stirn gemalt. Dieses Zeichen macht darauf aufmerksam, dass wir alle sterblich sind und nach dem Tod wieder zu Staub zerfallen werden. Dieses Ritual soll aber nicht die Laune verderben – im Gegenteil: Es zeigt, dass das Leben kostbar ist.

Die Asche hat aber noch eine zweite Bedeutung: Die Fastenzeit ist auch eine Zeit der Reinigung. Die Menschen überlegen sich, was in ihrem Leben nicht so gut gelaufen ist oder was sie verbessern könnten. Sie »reinigen« sich von schlechten Gewohnheiten und Abhängigkeiten.

Auferstehung: > Ostern ist das Fest der Auferstehung von Jesus. Gott hat ihn von den Toten auferweckt, ihm neues Leben geschenkt und damit den Tod besiegt.

B

Beerdigung/Bestattung: Es tut unheimlich weh, wenn jemand, den man gerne hat, stirbt und nicht mehr da ist. Bei der Beerdigung kommen alle, die den Verstorbenen kannten und ihn gernhatten, nochmals zusammen, um sich von ihm zu verabschieden. Die Beerdigung wird meistens mit einem Gottesdienst verbunden. Die Trauernden beten für den Verstorbenen. Die Anwesenden bitten aber auch Gott, die Hinterbliebenen in ihrer Trauer nicht alleinezulassen und ihnen Hoffnung zu schenken. Auch wenn der Tod für die Christen etwas sehr Trauriges ist, glauben sie: Mit dem Tod ist nicht alles vorbei. So wie Gott vor zweitausend Jahren Jesus von den Toten auferweckt hat, so hoffen sie, dass Gott auch alle Verstorbenen auferweckt und ihnen das ewige Leben schenkt. Früher wurden Verstorbene in einen Sarg gelegt und in der Erde bestattet, heute gibt es auch die Urnenbestattung. Der Tote wird verbrannt und seine Asche in einem Gefäß, Urne genannt, aufbewahrt.

Beffchen: Eine Art weißer Schal oder eine Halsbinde, die evangelische Pfarrer im Gottesdienst tragen. So können die Gottesdienstbesucher gleich erkennen, wer der Pfarrer ist.

Beichten/Beichte: Wenn du etwas angestellt hast, bekommst du vielleicht ein schlechtes Gewissen. Dann tut es gut, mit jemandem darüber zu sprechen. In den christlichen Kirchen können die Menschen dem Priester oder Pfarrer davon in der Beichte erzählen. Sie bitten dann gemeinsam Gott um Vergebung und sprechen im Namen Jesu den Beichtenden von der Sünde los. Sie versuchen aber auch zu helfen: Sie überlegen zusammen mit dem Beichtenden, wie er mit anderen oder mit sich selber Frieden finden kann. Die Pfarrer sind an das Beichtgeheimnis gebunden. Sie dürfen nichts, was ihnen in der Beichte anvertraut wird, weitererzählen, selbst wenn es sich um ein schweres Verbrechen handelt. Das garantiert, dass die Menschen in der Beichte ganz offen sprechen können. Man braucht also keine Angst zu haben, dass jemand davon erfährt.

Bergpredigt: Jesus ging mit seinen Jüngern und vielen anderen Menschen, die ihm zuhören wollten, auf einen Berg und sprach zu ihnen. Diese Predigt ist heute in der Bibel zu finden und so etwas wie der berühmteste Text, den wir von Jesus kennen: In dieser besonderen Predigt, den Seligpreisungen, macht Jesus den Menschen Mut und Hoffnung. Er ermahnt sie aber auch und konfrontiert sie mit Forderungen: »Liebt eure Feinde!« oder »Wenn einer dich auf die rechte Wange schlägt, dann halte ihm auch die linke hin«. Bestimmt mussten einige der Zuhörer ganz schön schlucken, als sie das hörten. Vielleicht hast du jetzt auch große Augen gemacht. Es ist viel, was Jesus von den Menschen verlangt. Seine Worte fordern heraus! Es ist nicht immer einfach, das im Alltag umzusetzen. Doch im Kern der Bergpredigt steckt etwas, das Jesus sehr viel bedeutet: Frieden. Das ist das Wichtigste, dafür sollten sich alle einsetzen. Wir sollten alles vermeiden, das zu Krach und Verletzungen führt.

Beten > siehe Gebet

Bibel: Wer einen Detektivroman liest, erwartet eine spannende, geheimnisvolle Geschichte. Wer ein Sachbuch in die Hände nimmt, will etwas Neues dazulernen. Warum aber lesen viele Menschen regelmäßig in der Bibel? Die Bibel ist das Wort Gottes. Trotzdem wird auf dem Umschlag nicht Gott als Autor genannt, er hat sie auch nicht geschrieben. Sie ist auch nicht als fertiges, gedrucktes Buch auf die Erde gefallen. Sie wurde von verschiedenen Menschen, die eine besondere Nähe zu Gott hatten und der ihnen die Ideen »eingab«, verfasst. Wie genau das abgelaufen ist, diskutieren die Theologen heute noch. Die Geschichten der Bibel sind schon uralt und trotzdem hochaktuell. Sie behandeln die wichtigsten Themen und Fragen, die jeden Menschen beschäftigen, zum Beispiel: Was ist wichtig im Leben? Wie kann man Streit verhindern? Worauf kommt es an, wenn man sich versöhnen will? Wer heute die Bibel liest, macht das nicht, weil er wissen möchte, wie die Welt früher war, sondern er sucht Tipps für seinen Alltag. Viele bezeichnen die Bibel als Lebensratgeber und auch als Kraftquelle. Die Geschichten über die biblischen Personen und ihre Erlebnisse mit Gott erinnern daran, dass wir uns auf Gott verlassen können.

Bischof: In der katholischen Kirche werden Bischöfe vom Papst ernannt. Alle Priester können Bischöfe werden. Ein Bischof leitet eine > Diözese und ist für alle Priester und kirchlichen Mitarbeiter in diesem Gebiet verantwortlich. Ein bekannter Bischof war Bischof > Nikolaus. In der evangelischen Kirche werden die Bischöfe nicht geweiht, sondern nur gewählt. Dort können auch Frauen Bischöfinnen werden.

Buße: »Das wirst du mir büßen!«, hast du vielleicht auch schon mal jemandem gedroht, der fies oder böse zu dir war. Man wünscht sich, dass der andere für seine Taten bestraft wird. Früher versetzten auch die Priester und Bischöfe mit diesem Satz die Menschen in Angst und Schrecken: »Ihr werdet für alles Schlechte, das ihr getan habt, bei Gott büßen müssen!« Sie erzählten ihnen, dass Gott sie in die Hölle schickt und nichts mehr mit ihnen zu tun haben möchte. Der Mönch Martin > Luther war damit gar nicht einverstanden. Er wies sie darauf hin, dass Jesus den Menschen verziehen hat. Deshalb dürfen die Menschen auch hoffen, dass Gott ihnen verzeiht. Gott ist nicht nachtragend.

Buß- und Bettag: Die Luft ist von Autoabgasen verpestet, der Müll wird einfach in der Natur entsorgt, das Wasser wird verschwendet oder Tiere gequält – viele Menschen gehen respektlos mit der Umwelt um. Sie schaden Gottes Schöpfung und tragen zu ihrer Zerstörung bei. Manche schaden aber auch anderen Menschen: Sie sind ungerecht, sie denken nur an sich oder quälen andere. Am Buß- und Bettag, der elf Tage vor dem ersten Adventssonntag liegt, bitten die evangelischen Christen Gott dafür um Vergebung. Gleichzeitig fassen sie neue Vorsätze und überlegen sich, wie sie in Zukunft sorgsamer mit der Welt und anderen Menschen umgehen können. Denn Gott um Vergebung zu bitten und am nächsten Tag genauso weiterzumachen wie bisher, wäre ziemlich scheinheilig.

Caritas: Manche Kinder wachsen in Familien auf, denen das Geld an allen Ecken und Enden fehlt: Die Eltern verdienen zu wenig, manchmal sind sie sogar arbeitslos. Es fehlt das Geld für Geburtstagsgeschenke oder neue Kleidung. Wenn man von Armut spricht, denken viele als Erstes an die Menschen in Afrika oder Südamerika und vergessen, dass es auch in unserer Heimat viele Notleidende gibt. Die Caritas unterstützt diese Menschen. Sie ist eine Hilfsorganisation der katholischen Kirche. Eine bekannte Hilfsorganisation der evangelischen Kirche heißt Diakonie. Bestimmt hast du irgendwo auf der Straße oder an einem Bahnhof ein Plakat von ihnen gesehen. Sie machen oft Werbung für ihre Arbeit, um die Menschen zum Spenden zu motivieren. Mit den Spenden helfen sie Menschen in Not: Alleinerziehenden in Armut, Kranken oder einsamen Senioren. Es gibt auch Kindertagesstätten, die von der Caritas geführt werden. Mit der Caritas leistet die katholische Kirche > Diakonie. Caritas heißt auf Deutsch »Nächstenliebe«.

Christentum: 1,6 Milliarden Menschen auf der Welt bezeichnen sich als Christinnen und Christen. Damit ist das Christentum die größte Religion der Welt. Sie geht auf > Jesus zurück. Er selber war Jude und wollte eigentlich keine neue Religion gründen. Das Christentum ist erst nach seiner Auferstehung entstanden. Seine ersten Anhänger waren die Jünger im heutigen Israel, mit der Zeit wurden es immer mehr und das Christentum breitete sich in andere Regionen und Länder der Welt aus.

Christus: Heute hat jeder Mensch einen Vor- und einen Nachnamen. Als Jesus lebte, war das nicht so: Da hatte jeder nur einen Vornamen. Damit es nicht zu Verwechslungen kam, verwendete man Zusatzbeschreibungen: »Andreas aus Staffelstein« oder »Andreas, der Sohn von Lukas«. Jesus wurde ursprünglich »Jesus von Nazaret« genannt, denn er stammte aus Nazaret. Die Gläubigen nennen ihn auch »Jesus Christus«. Mit diesem Zusatz drücken sie aus, dass Jesus ein »Gesalbter« ist – das bedeutet das Wort »Christus«. Es ist eine Art Glaubensbekenntnis: Wer Jesus Christus nennt, zeigt, dass er daran glaubt, dass Jesus wie ein König ist – ein König des Friedens.

Credo: ist das lateinische Wort für das > Glaubensbekenntnis.

Diakonie/Diakon/Diakonissen: Hast du schon mal dein Pausenbrot mit jemandem geteilt? Eigentlich wäre es ganz einfach: Jeder kann einen Beitrag dazu leisten, dass die Armut und das Leid in unserer Welt etwas kleiner werden. Wer Jesus zum Vorbild nimmt, der überlegt sich auch, wie er Menschen in Not helfen kann. Sich um andere zu kümmern, ist eine Grundaufgabe der Kirche. Denn Jesus hat mit vielen Beispielen gezeigt, wie wichtig es ist, anderen zu helfen, das bekannteste ist das Gleichnis vom barmherzigen Samariter.

»Diakon« ist heute auch eine Berufsbezeichnung in der katholischen und evangelischen Kirche. Ihre wichtigste Aufgabe ist in ihrer Berufsbezeichnung zusammengefasst: »Diakon« heißt »Diener am Nächsten«. Ein Diakon engagiert sich für die Menschen in seiner Pfarrei. »Diakonissen« sind evangelische Ordensfrauen. Ihnen ist es besonders wichtig, die Nächstenliebe zu leben.

Diözese: In Köln, in Wien, in Paris, in Kairo und auch im hohen Norden bei den Inuit – überall gibt es Katholikinnen und Katholiken. Die katholische Kirche ist weltweit in Diözesen unterteilt. Sie werden auch »Bistümer« genannt. Man könnte sie mit einem Bundesland (in Deutschland oder Österreich) oder Kanton (in der Schweiz) vergleichen. Eine Diözese wird vom Bischof geleitet. Die Diözesen sind unterschiedlich groß: Manche haben zehn Pfarreien, andere mehrere Hundert. In Deutschland gibt es 27 Diözesen. Die größte ist Köln. Die Pfarreien einer Diözese stehen miteinander in Kontakt und unterstützen sich gegenseitig. In der evangelischen Kirche heißen sie > Landeskirchen.

Dreieinigkeit: »Glaubt ihr an drei Götter?«, werden Christen manchmal gefragt. Diese schütteln dann sofort entrüstet den Kopf: Selbstverständlich glauben sie nur an einen Gott! »Du sollst keine Götter neben mir haben«, fordert Gott in den Zehn Geboten und trotzdem ist in der Bibel von Gott, Jesus und dem Heiligen Geist die Rede. Der Vater (Gott), Jesus (der Sohn) und der Heilige Geist sind so was wie drei verschiedene Erscheinungsformen oder Rollen von Gott. Gott ist wie ein Vater für uns da, in Jesus ist er Mensch geworden und im Heiligen Geist gibt er uns Kraft. Die Drei sind tatsächlich eine Einheit.

Dreikönig: Was machen viele Erwachsene, wenn sie erfahren, dass eine gute Freundin ein Kind bekommen hat? So schnell wie möglich ins Krankenhaus! Sie können es kaum erwarten, das Neugeborene zu sehen und es auf der Welt willkommen zu heißen. Auch als Jesus auf die Welt kam, wollten ihn viele mit eigenen Augen sehen. Denn für viele war Jesus ein Zeichen der Hoffnung, auf das sie lange gewartet hatten. Sogar Menschen, die weit weg lebten, machten sich auf die Reise nach Betlehem. Die bekanntesten: Caspar, Melchior und Balthasar. Heute werden sie meistens die Heiligen Drei Könige oder die drei Weisen aus dem Morgenland genannt. Die drei betrachteten gerne die Sterne und entdeckten immer wieder neue Sternbilder. Eines Nachts sahen sie plötzlich den Stern von Betlehem. Sie wussten sofort: »Das ist ein besonderes Zeichen, er macht uns auf ein wichtiges Ereignis aufmerksam, wir müssen dem Stern folgen.« Der 6. Januar ist diesen Königen gewidmet. Dieser Tag wird auch Epiphanias oder Erscheinungsfest genannt und wird auch in den evangelischen Kirchen gefeiert.

Engel: Da passt du beim Fahr-
radfahren kurz nicht auf und
zack, da taucht auf einmal von
links ein Fußgänger auf. In der
allerletzten Sekunde kannst du
noch ausweichen. Puh, noch mal
Glück gehabt! Manche Menschen
danken in solchen Momenten ihrem
Schutzengel. Sie sind fest überzeugt,
dass der Schutzengel ständig bei ihnen
ist und in brenzligen Situationen zu
Hilfe eilt. Engel sind keine Erfindung von
heute, sondern kommen bereits in der Bibel vor:
Sie sind die Boten Gottes. Einer der berühmtesten Engel ist
der Erzengel Gabriel. Dieser verkündete Maria, dass sie ein
Kind bekommen wird. Wie genau Engel aussehen und wie
sie sich bewegen, das weiß niemand. Vielleicht hast du schon
mal eine Zeichnung, eine Werbung oder eine Engel-Skulptur
gesehen. Dort werden die Engel meistens als weiße Gestalten
mit Flügeln dargestellt. Diese Flügel haben eine symbolische
Bedeutung: Sie sollen sichtbar machen, dass Engel von Gott,
also vom Himmel, kommen.

Erntedankfest: Hast du auch schon mal ziemlich ratlos vor
einem Supermarktregal gestanden: Was soll ich bloß kaufen?
In den Kühlregalen warten zwanzig verschiedene Joghurt-
sorten, es gibt ein endlos langes Regal mit Schokolade, und

wer Lust auf Chips hat, kann zwischen unzähligen Sorten auswählen. Manche Menschen vergessen dabei: Es ist keine Selbstverständlichkeit, dass wir so viele Nahrungsmittel haben. Es ist noch nicht lange her, da waren die Menschen der Natur komplett ausgeliefert. Wenn ein Unwetter oder ein schlechter Sommer die Ernte vernichtet hat, haben die Menschen gehungert. Auch heute leiden viele Menschen auf der Welt an Hunger. An Erntedank sagen wir Gott Danke für die Gaben der Natur. Dieses Fest wird meist am ersten Sonntag im Oktober gefeiert, denn im Herbst erlebt man besonders deutlich, wie viele Nahrungsmittel die Natur uns schenkt: saftige Birnen, knackige Äpfel, süße Pflaumen und vieles mehr.

Erstkommunion: Fast ein ganzes Jahr lang bereiten sich katholische Kinder auf die Erstkommunion vor und setzen sich dabei intensiv mit Jesus und ihrem Glauben auseinander. An diesem Tag bekommen die Kinder bei der > Eucharistie zum ersten Mal die geweihte Hostie. An vielen Orten wird die Erstkommunion am ersten Sonntag nach Ostern, am Weißen Sonntag, gefeiert und die Erstkommunionkinder tragen ein weißes Kleid. Dieses ist eine Erinnerung an die Taufe. Es ist ein großes Ereignis für die ganze Familie, alle nehmen am Gottesdienst teil und treffen sich danach zu einem festlichen Essen. Es werden viele Fotos gemacht. Die Erstkommunionkinder bekommen dort meistens auch Erinnerungsgeschenke.

Eucharistie: Wenn du in der katholischen Kirche an einer Eucharistiefeier teilnimmst, erwartet dich ein Gottesdienst mit > Abendmahlsfeier. Alle Mitfeiernden, die katholisch sind und bereits die > Erstkommunion gefeiert haben, erhalten eine geweihte > Hostie. Die Hostie ist eine runde Oblate, die aus Weizenmehl und Wasser gebacken wird. Sie erinnert an das Brot, das Jesus beim Abendmahl den Jüngern gereicht hat.

Evangelisch: Pizza ist »italienisch«, weil die Speise ursprünglich aus Italien kommt. »Good Morning« ist »englisch«. Alle Menschen, die Mitglied in der evangelischen Kirche sind, sind »evangelisch«. Es ist kein Zufall, dass dieses Wort von > Evangelium kommt: Den Evangelischen ist die Bibel sehr wichtig. Sie ist die Grundlage ihres Glaubens.

Evangelium: Wenn man fernsieht oder eine Zeitung durchblättert, könnte man manchmal einfach nur noch traurig sein: Es gibt so viele Katastrophen, Verbrechen und Unheil auf der Welt. Anders ist es mit der Bibel: Die Menschen hören darin vom Wort Gottes. Sie erfahren, was Jesus getan hat, und sie bekommen neue Impulse für ihren Alltag. Für viele ist das Neue Testament so etwas wie eine Quelle der Kraft und der Hoffnung. »Evangelium« heißt auf Deutsch: »die frohe Botschaft«. Die Botschaft von Jesus und seiner Auferstehung macht den Menschen Hoffnung und zeigt ihnen, dass sie nicht alleine sind. Die vier Evangelien sind nach den vier Autoren benannt, die die Texte aufgeschrieben haben: Matthäus, Markus, Lukas und Johannes. So wie auch heute jeder Autor einen anderen Stil hat, seine Geschichten ganz anders erzählt und andere Dinge wichtig findet, so unterscheiden sich auch die vier Evangelien voneinander. Aber viele Erlebnisse von Jesus kommen in allen Evangelien vor, zum Beispiel die Geschichte von seinem Tod und der Auferstehung.

Ewigkeit: Alle Ferien, jede Serie und auch jedes Fußballspiel sind irgendwann einmal vorbei. Alles hat einen Anfang und ein Ende, nur Gott nicht: Er ist ewig. Er war schon immer da und wird auch immer da sein. Es ist nicht ganz so einfach, das zu verstehen. Gott hat Jesus von den Toten auferweckt und ihm das ewige Leben geschenkt. Die Christen hoffen, dass Gott allen Menschen nach dem Tod das Leben bei sich in der Ewigkeit schenkt.

Fasten/Fastenzeit: Hast du schon mal für längere Zeit auf Gummibärchen, Schokolade oder YouTube-Videos verzichtet? Das kann ganz schön schwer sein! Trotzdem oder gerade deshalb verzichten viele Menschen in der Fastenzeit vierzig Tage lang auf etwas, das sie gerne haben oder machen oder ohne das sie nicht auskommen können wie zum Beispiel eine schlechte Angewohnheit. Sie bereiten sich mit dem Fasten auf > Ostern vor. Es geht ihnen nicht darum, abzunehmen, sondern sie wollen sich bewusst machen, dass es in unserem Alltag zu viel Überfluss gibt. Die Fastenzeit ist eine Zeit der Buße. Die Fastenzeit dauert vierzig Tage, weil auch Jesus sich für vierzig Tage in die Wüste zurückgezogen hatte.

vorher   nachher

Firmung: Die meisten Menschen können sich nicht an ihre Taufe erinnern, weil sie damals noch ein Baby waren. Nicht sie selbst, sondern ihre Eltern haben sich dafür entschieden, das Kind taufen zu lassen. Doch dir geht es bestimmt wie vielen anderen Kindern: Wenn man älter wird, will man selber entscheiden. Was möchte ich später mal für einen Beruf ausüben? Möchte ich in der Stadt oder auf dem Land leben? Welche Ziele möchte ich erreichen? Man stellt sich aber auch die Frage, ob man mit Gott unterwegs sein will: Welche Rolle soll Gott in meinem Leben spielen? Katholische Jugendliche, die sich bewusst für Gott entscheiden, lassen sich firmen. Sie werden auf dieses > Sakrament vorbereitet. Meistens werden die Jugendlichen vom > Bischof gefirmt. Dafür nimmt er ein besonderes, geweihtes Öl, mit dem er ihnen ein Kreuz auf die Stirn salbt.

Fisch: Hast du schon mal ein Auto gesehen, auf dem hinten auf dem Heck ein Fisch-Symbol aufgeklebt war? Nein, das war kein Auto eines Fischers oder Fischhändlers. Manche Christen befestigen diesen Aufkleber, um sich als Christen zu erkennen zu geben – ähnlich wie auf anderen Autos Aufkleber der Lieblingsband oder -fußballmannschaft zu finden sind. Der Fisch ist ein Symbol für Jesus. Auf Griechisch heißt Fisch **ICHTHYS**. In diesem Wort steckt die Abkürzung für ein Glaubensbekenntnis. Jeder Buchstabe ist zugleich der Anfangsbuchstabe eines anderen Wortes: **J**esus **C**hristus **G**ottes **S**ohn **E**rlöser. Dieses Symbol erinnert an eine Stelle im Markus-Evangelium, in dem Jesus zu Petrus sagt, dass er ab sofort keine Fische fangen wird, sondern Menschen für Jesus gewinnen wird.

Frieden: Was wünschen sich die Menschen auf der ganzen Welt am meisten? Ein neues Auto, ein Treffen mit einem Superstar? Wohl kaum – wahrscheinlich würden die meisten die gleiche Antwort geben: Endlich überall Frieden! Das war auch einer der größten Wünsche von Jesus. Er träumte davon, dass die Menschen respektvoller miteinander umgehen und überall Frieden herrscht. Schon damals gab es viele Konflikte. Auch heute kommt es oft zu Streit, Hass und vielen Kriegen. Im Gottesdienst beten Christen darum, dass Gott ihnen Frieden schenkt. Das heißt aber nicht, dass wir uns einfach bequem zurücklehnen und abwarten sollen, bis Gott endlich etwas unternimmt. Ob unsere Welt friedvoller wird, hängt von jedem ab – auch von dir. »Setzt euch mehr für den Frieden ein!«, rufen die Pfarrer und auch der Papst immer wieder auf. Natürlich können wir nicht die ganze Welt von heute auf morgen verändern, aber jeder kann einen Beitrag zum Frieden leisten: indem er versucht, Streit zu vermeiden oder Menschen, die einen Krach miteinander haben, zur Versöhnung zu motivieren.

Gebet: Was tust du, wenn dir etwas große Angst macht? Viele Menschen sprechen dann mit Gott. »Ist es wirklich okay, sich mit allen Problemen an Gott zu wenden? Interessiert er sich überhaupt dafür?«, fragst du dich jetzt vielleicht. Jesus hat den Menschen gezeigt, dass sie sich mit allen Anliegen an Gott wenden dürfen. Nicht nur wenn sie Angst haben, sondern auch, wenn es ihnen gut geht und sie ihm einfach nur Danke sagen möchten. Und das Besondere: Jeder darf so beten, wie er will. Man muss keine besonderen Wörter auswendig lernen oder einen Gebetskurs besuchen. Beten ist eigentlich, wie wenn man mit einem guten Freund telefoniert. Man spricht darüber, was einen gerade beschäftigt. »Aber wenn ich eine Frage stelle, gibt Gott keine Antwort«,

kritisieren manche. Natürlich schickt Gott keinen Brief und keine WhatsApp-Nachricht. Aber viele Menschen sind überzeugt: Gott antwortet, er gibt uns Zeichen. Zum Beispiel begegnen wir plötzlich jemandem, der uns hilft. Oder es macht plötzlich Klick und wir wissen auf einmal:»Das ist die Lösung.« Wer also mitbekommen möchte, welche Antworten Gott für uns bereithält, sollte mit offenen Augen und Ohren durch die Welt gehen.

Glaube: 1 + 1 = 2. Es gibt Dinge auf unserer Welt, die kann man beweisen oder logisch begründen. So gibt es zum Beispiel Beweise, dass schon vor fünfhundert Jahren Menschen im Gebiet des heutigen Deutschlands gelebt haben. Mit dem Glauben ist es nicht ganz so einfach. Kein Wissenschaftler kann beweisen, dass es Gott gibt – es kann aber auch keiner beweisen, dass es ihn nicht gibt. Es ist eine Frage des Glaubens. Manche Menschen würden sich Beweise für Gott wünschen, für andere ist es gar nicht so wichtig: Sie sind fest überzeugt, dass es Gott gibt und spüren ihn – auch wenn sie vielleicht manchmal Zweifel haben. Der Glaube gibt ihnen Halt: Sie wissen, dass sie nicht zufällig auf der Welt sind. Sie wurden von Gott erschaffen. Er hat etwas mit ihnen vor. So außergewöhnlich ist das gar nicht: Es gibt nämlich viele Dinge in unserem Leben, von denen wir wissen, dass es sie gibt, die sich aber trotzdem nicht beweisen oder logisch erklären lassen. Wenn man zum Beispiel einem guten Freund ganz fest vertraut oder wenn man jemanden liebt.

Glaubensbekenntnis: »Woran glaubst du?« Wurdest du auch schon mal mit dieser komplizierten Frage konfrontiert? Gar nicht so einfach, darauf eine Antwort zu geben: Was soll man jetzt alles aufzählen und wie soll man es beschreiben? Eigentlich müsste man die ganze Bibel nacherzählen. Die wichtigsten Inhalte des christlichen Glaubens sind im Glaubensbekenntnis zusammengefasst. Dieses Bekenntnis wird im Gottesdienst gebetet. Damit rufen die Menschen sich in Erinnerung, was ihren Glauben ausmacht. Aber es wäre falsch, wenn man seinen Glauben auf diesen Text reduzieren würde. Der christliche Glaube ist ein »Glaube des Tuns« – Jesus hat den Menschen immer wieder gesagt, wie wichtig es ist, seinen Glauben ganz konkret zu leben, zum Beispiel indem man sich für andere Menschen einsetzt oder anderen Hoffnung macht.

Gleichnis: Hast du schon mal ein Referat gehalten? Es ist manchmal gar nicht so einfach, jemandem etwas Kompliziertes zu erklären. Das hat auch Jesus erlebt. Es war ihm wichtig, dass alle Menschen seine Botschaft verstehen: die Erwachsenen, die Jugendlichen und die Kinder. Deshalb erzählte er ihnen Gleichnisse. Ein sehr bekanntes ist »Das Gleichnis vom verlorenen Sohn«. Ein Sohn bittet seinen Vater, ihm sein ganzes Erbe auszubezahlen. Dann verlässt er ihn und geht in ein fernes Land, ohne sich je wieder bei seinem Vater zu melden oder ihn zu besuchen. Er lebt sehr verschwenderisch, in kurzer Zeit hat er das ganze Geld ausgegeben. Er hat nichts

mehr und muss Schweine hüten – damals eine Aufgabe, die niemand übernehmen wollte. Irgendwann nimmt er seinen ganzen Mut zusammen und kehrt zerknirscht zu seinem Vater zurück. Dieser freut sich riesig. Er verzeiht ihm und heißt ihn mit einem großen Fest willkommen. Mit diesem Gleichnis wollte Jesus den Menschen zeigen: Gott ist wie ein liebender Vater, der den Menschen alles verzeiht und zu dem man immer wieder zurückkehren kann. Diese Geschichte verstehen alle. Hätte Jesus den Menschen einfach eine Formel oder eine Regel beigebracht, hätten viele wohl Mühe gehabt, sie sich zu merken und zu verstehen. An eine Geschichte kann man sich viel besser erinnern. Das Gleichnis ist so etwas wie ein Symbol. Es steht für etwas. Das Besondere: Obwohl die Gleichnisse inzwischen schon zweitausend Jahre alt, sind sie noch immer verständlich!

Gnade: Wer mal ein erfolgreicher Sportler sein will, muss viel trainieren. Auch ein gutes Zeugnis gibt es nur, wenn man für die Prüfungen ordentlich büffelt. Aber natürlich braucht es trotzdem immer noch ein bisschen Glück! »Ich muss viel beten, dann komme ich ganz sicher in den Himmel und Gott liebt mich«, haben sich früher manche Menschen gedacht. Eine ziemlich merkwürdige Vorstellung! Glaube ist kein Sport und auch kein Wettbewerb. Gott führt keine Liste, wer wie oft betet oder anderen hilft. Gott liebt die Menschen, auch wenn sie nicht perfekt sind, Schwächen haben oder auch mal einen Fehler machen. Gnade könnte man auch mit »Liebe Gottes« übersetzen. Diese Liebe kann man sich nicht verdienen oder »antrainieren«. Sie ist ein Geschenk Gottes. Das ist ähnlich wie bei deinen Eltern: Sie würden wohl auch nie auf die Idee kommen, dich nicht mehr zu lieben, nur weil du eine Matheprüfung vermasselt hast oder du dich bei einem Schülerkonzert verspielt hast.

Gott: Wie stellst du dir Gott vor? Für manche ist es ein alter Mann, der auf einer Wolke oder einem Thron sitzt. »Vielleicht ist Gott aber auch eine Frau!«, sagen andere. Wieder andere glauben, dass Gott mehr so etwas ist wie ein Licht. Die Zehn Gebote warnen davor, von Gott ein Bild zu machen. Das heißt aber nicht, dass es verboten wäre, sich zu überlegen, wie Gott aussieht! Falsch wäre es nur, zu behaupten: »Gott sieht genauso aus und nicht anders.« In der

Bibel gibt es viele verschiedene Beschreibungen von Gott, zum Beispiel wird er dort auch > Hirte genannt. Auch die Frage, wo genau Gott ist, lässt sich wohl nicht beantworten. Die Christen glauben: Gott ist überall. Man kann ihm zum Beispiel auch in anderen Menschen begegnen.

Gottesdienst: Was ist das schönste am Fußballspielen oder am Kino? Man erlebt es zusammen mit Freunden. Wie schön ist Gemeinschaft. Sie gibt Kraft und niemand muss sich alleine fühlen. Auch ein Gottesdienst wird in Gemeinschaft gefeiert: Christen kommen zusammen, um Gott zu danken, ihre Anliegen zu äußern, miteinander über Gott und das Leben nachzudenken. Für viele Menschen ist ein Gottesdienst so etwas wie eine Tankstelle. Danach spüren sie neue Energie und Hoffnung für den Alltag. Gottesdienste werden nicht nur in der > Kirche gefeiert, manchmal finden sie auch auf Schiffen oder im Freien statt. Und es gibt sogar Gottesdienste, die im Fernsehen übertragen werden. Das ist vor allem ein Service für alle, die krank oder zu schwach sind, um selber in eine Kirche zu gehen. Der Gottesdienst wurde von Jesus »erfunden«: Er hat den Menschen den Auftrag gegeben, sich regelmäßig zu versammeln. Der Gottesdienst war aber nicht genauso, wie wir ihn heute kennen, er hat sich im Laufe der Jahrhunderte immer wieder weiterentwickelt.

Gründonnerstag: Dieser Donnerstag hat nichts mit der Natur oder einer Wiese zu tun, sondern mit einem wichtigen biblischen Ereignis: An Gründonnerstag feierte Jesus mit seinen Jüngern das > Abendmahl. Es ist nicht genau geklärt, ob und was die Farbe Grün mit diesem Donnerstag zu tun hat. Die meisten gehen heute davon aus, dass das Wort aus dem Mittelhochdeutschen »greinen« für »traurig den Mund verziehen« stammt. Für die Jünger war der Gründonnerstag mit dem Abendmahl ein trauriges Ereignis. Ein anderer Name für Gründonnerstag ist »Hoher Donnerstag«. Auch mit diesem Wort wird sichtbar, dass der Donnerstag vor > Karfreitag kein Donnerstag wie alle anderen ist. Von Gründonnerstag bis Ostersamstag ist es übrigens auch viel stiller. Denn an diesen Tagen schweigen die Glocken der katholischen Kirchen, kein Glockengeläut soll die Trauer stören.

Halleluja: Damit man bei WhatsApp schneller Nachrichten tippen kann, verwenden wir Abkürzungen und Ausdrücke wie OMG oder LOL. Die Abkürzungen sind mittlerweile so bekannt, dass jeder sie versteht. Auch »Halleluja« ist so etwas wie eine kurze Formel, hinter der viel mehr steckt: Das Wort kommt aus dem Hebräischen und hieß ursprünglich: Hallelu-jah«: »Gelobt sei Gott«. »Jahwe« ist der Name Gottes, doch aus Respekt sprachen die Menschen früher diesen Namen nie aus und sagten nur »Jah«. Heute findet man das Wort in Gebeten, aber auch in vielen Kirchenliedern.

Heilig: »Der Fernsehkrimi am Sonntagabend ist mir heilig, da lasse ich mich von nichts und niemandem stören«, sagen manche Erwachsene. Sie meinen damit, dass ihnen der Sonntagabend wichtig ist und eine besondere Bedeutung für sie hat. »Heilig« bedeutete ursprünglich aber etwas anderes: In der Kirche wird etwas als »heilig« bezeichnet, das eine besondere Nähe zu Gott hat. Es gibt heilige Menschen (> Heilige), heilige Zeichen (> Sakramente) und auch »heilige Orte«.

Heilige(r): Setzt du dich für andere Menschen ein und hilfst allen, die in Not sind? Ist dir der Glaube sehr wichtig und du stehst dazu? Herzlichen Glückwunsch, dann hast du schon ein paar Gemeinsamkeiten mit dem heiligen Franziskus, der heiligen Elisabeth oder dem heiligen Martin: Sie werden in der katholischen Kirche alle als Heilige verehrt. Heilige sind so etwas wie Vorbilder. Sie waren sehr mutig und haben manchmal viel riskiert, um anderen Menschen zu helfen. Sie waren sehr religiös und vertrauten fest auf Gott. Manche von ihnen wurden sogar ermordet, nur weil sie Christen waren. Einer der bekanntesten Heiligen ist Franziskus, der heilige Franz von Assisi in Italien. Er lebte im Mittelalter. Sein Vater hatte sehr viel Geld, doch Franziskus verzichtete darauf, er lebte bescheiden und setzte sich für die Menschen und die Tiere ein. Er zeigte, dass es wichtig ist, respektvoll mit der Natur und den Tieren umzugehen. Es gibt mehrere Hundert Heilige. Jedes Jahr an > Allerheiligen erinnern sich die Katholiken an sie.

Heilig Abend: Welches ist dein Lieblings-Weihnachtslied? »Stille Nacht« landet bei vielen Menschen immer ganz oben auf der Liste. Seit zweihundert Jahren wird es im Gottesdienst an Heilig Abend gesungen. Es berichtet davon, was damals in Betlehem geschah: Jesus kommt auf die Welt, er bringt den Frieden. Daran erinnern wir uns an diesem Abend, dem Beginn von > Weihnachten.

Heiliger Geist: Manchmal läuft es wie geschmiert: Alle fühlen sich in einer Sportmannschaft so richtig wohl und halten fest zusammen. Oder du suchst dringend eine Idee für eine spannende Geschichte oder ein Bild, das du malen möchtest, und plötzlich hast du ganz viele Einfälle im Kopf. Christen glauben, dass hier der Heilige Geist im Spiel ist. Geist? Ja, das Wort ist vielleicht etwas verwirrend. Mit Geistern aus

Gruselgeschichten hat er höchstens in einem Punkt Ähnlichkeit: Auch er ist unsichtbar. Der Heilige Geist ist ein Geschenk Gottes. Er schickt uns den Heiligen Geist, damit er uns Kraft, Hoffnung und Ideen schenkt. Der Heilige Geist wird mit verschiedenen Symbolen dargestellt > Pfingsten.

Heilige Schrift: Ein anderes Wort für die > Bibel.

Himmel/Himmelfahrt: 1961 flogen zum ersten Mal Menschen ins All. Als die russischen Astronauten wieder auf die Erde zurückkehrten, sagte einer zu den Journalisten:»Ich habe gesucht und gesucht, aber Gott nicht gefunden.« Hätte er einfach noch weiter hinauffliegen müssen? Die Menschen glauben, dass Gott im Himmel ist. Lange Zeit waren sie überzeugt, dass damit tatsächlich der sichtbare Himmel über der Erde gemeint ist. Vielleicht hast du schon mal ein Gemälde betrachtet, auf dem Jesus zu sehen ist, wie er auf einer Wolke zum Himmel hinaufsteigt. Dieses Bild stellt das Ereignis Christi Himmelfahrt dar. Heute weiß man, dass man sich den Himmel symbolisch vorstellen muss. Auch wenn irgendwann ein Raumschiff Milliarden Kilometer weit ins All fliegen wird, wird es Gott nicht entdecken. Der Himmel, wo Gott, die Engel und die Verstorbenen sind, lässt sich nicht im All finden.

Hirte: Hirten haben eine große Verantwortung: Sie müssen auf ihre Schaf- oder Ziegenherde aufpassen. Es kann schnell ein Unglück passieren: Eine Ziege stürzt in eine Schlucht oder ein Schaf verirrt sich. In der Bibel gibt es einen berühmten Psalm, in dem Gott mit einem Hirten verglichen wird: »Der Herr ist mein Hirte.« Dieser Psalm erinnert die Menschen daran, dass Gott immer auf sie aufpasst und er sich um sie sorgt. Die Menschen dürfen ihm vertrauen. So wie ein Hirte für die Schafe Weideplätze sucht, kümmert sich auch Gott um uns.

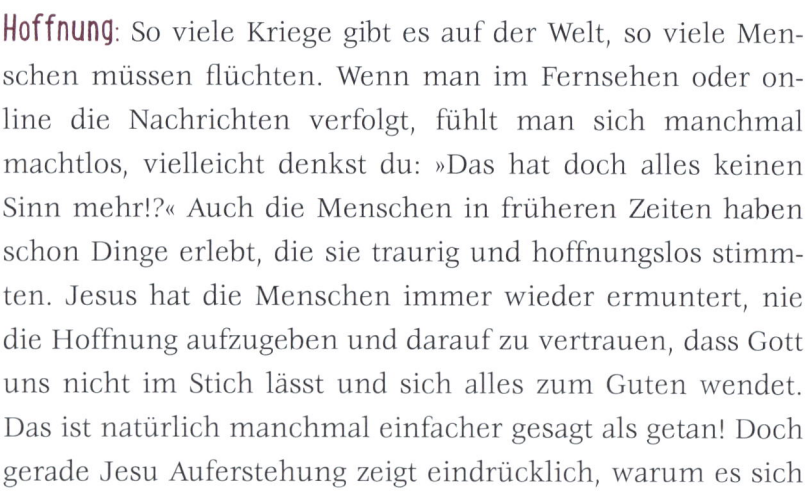

Hoffnung: So viele Kriege gibt es auf der Welt, so viele Menschen müssen flüchten. Wenn man im Fernsehen oder online die Nachrichten verfolgt, fühlt man sich manchmal machtlos, vielleicht denkst du: »Das hat doch alles keinen Sinn mehr!?« Auch die Menschen in früheren Zeiten haben schon Dinge erlebt, die sie traurig und hoffnungslos stimmten. Jesus hat die Menschen immer wieder ermuntert, nie die Hoffnung aufzugeben und darauf zu vertrauen, dass Gott uns nicht im Stich lässt und sich alles zum Guten wendet. Das ist natürlich manchmal einfacher gesagt als getan! Doch gerade Jesu Auferstehung zeigt eindrücklich, warum es sich lohnt, die Hoffnung nie zu verlieren. Christen können optimistisch sein. In größter Verzweiflung gab Gott ihnen mit der Auferstehung von Jesus ein hoffnungsvolles Zeichen. Oft ist alles eine Frage der richtigen Sicht. Bestimmt kennst du die Redewendung mit dem halb leeren Glas – ist es halb voll oder halb leer – das hängt von der Einstellung ab! Es gibt so viel Unglück auf dieser Welt und wir können fast nichts dagegen unternehmen. Das mag stimmen. Aber etwas können wir trotzdem tun: Wenn wir andere trösten, ihnen helfen und sie aufmuntern, dann tragen wir dazu bei, dass sie neue Hoffnung schöpfen können und wieder neu an die Zukunft glauben.

Hostie: Die Hostie ist eine dünne runde Scheibe, die aus Weizenmehl und Wasser gebacken wird. Sie erinnert an das Brot, das Jesus beim > Abendmahl den Jüngern gereicht hat. In der katholischen Eucharistiefeier essen alle Gläubigen eine gewandelte Hostie. Der Priester spricht im Gottesdienst bei der Wandlung mehrere Gebete und wiederholt die Worte, die bereits Jesus zu seinen Jüngern gesagt hat: »Nehmt und esset alle davon.« Die Katholiken glauben, dass die Hostie nach der Wandlung keine gewöhnliche Oblate mehr ist, sondern dass Jesus in dieser Hostie nun gegenwärtig ist und den Menschen in der Eucharistiefeier deshalb besonders nah ist.

I.N.R.I.: Vielleicht hast du schon mal auf einem Jesus-Kreuz diese vier Buchstaben entdeckt: »I.N.R.I.« Das ist nicht der Name des Künstlers, der das Kreuz gebaut hat. Hinter den vier Buchstaben stecken vier Wörter: *»Jesus Nazarenus Rex Iudaeorum – Jesus von Nazaret der König der Juden«.* Jesus war Jude. Viele, die von ihm begeistert waren, feierten ihn als ihren neuen König. Nachdem Jesus gestorben war, schlugen die Soldaten ein Schild mit den Buchstaben INRI ans Kreuz. Sie wollten ihm damit aber keine Ehre erweisen, sondern verspotteten ihn.

Jesus: Manche nennen ihn einen Rebell, andere bezeichnen ihn als Mann des Friedens und Religionsgründer. Für andere ist er einfach der »Sohn Gottes«. Eines ist sicher: Jesus hat die Menschen fasziniert und beeindruckt. Und das hat sich bis heute nicht geändert. Er hatte viele Anhänger, aber auch Gegner. Denn das, was Jesus sagte, kam nicht überall gut an: Er kritisierte zum Beispiel Menschen, die andere ausnutzen oder die geizig sind. Ihm war Gerechtigkeit und die Liebe zu Gott sehr wichtig. Die Menschen haben damals lange auf die Geburt von Jesus, dem Sohn Gottes gewartet. Schon im Alten Testament wird er angekündigt. Sogar der Kalender ist eine Erinnerung an ihn: Das Jahr seiner Geburt gilt als Beginn der Zeitzählung – deshalb können wir immer am aktuellen Jahr ablesen, vor wie vielen Jahren Jesus geboren wurde. Im Alter von ca. 30 Jahren ist Jesus am Kreuz gestorben. Seine Anhänger bildeten die ersten Gemeinden der Christen. Jesus kam in Betlehem zur Welt und lebte im heutigen Israel. Er war der Sohn eines Zimmermanns und zuerst wahrscheinlich auch als Zimmermann tätig. Von den wichtigsten Ereignissen in seinem Leben berichten die vier Evangelien.

Jünger: Wer sind deine guten oder sogar besten Freunde? Jesus mochte alle Menschen, aber auch er hatte Freunde, die für ihn besonders wichtig waren: Es waren die Jünger. So wie man Freunde manchmal ganz zufällig findet, lernte auch Jesus seine Jünger auf unterschiedliche Weise kennen: Simon war gerade beim Fischen, als Jesus ihn zum ersten

Mal sah. Die Jünger wussten schon bei der ersten Begegnung: Jesus ist ein ganz besonderer Mensch, wir wollen mehr über ihn erfahren. Aber es gab auch zwischen Jesus und den Jüngern schwierige Momente. Manchmal zweifelten sie, ob das, was Jesus erzählte, auch wirklich stimmte, und manchmal wünschten sie von ihm, dass er mächtiger auftritt und sich mehr wehrt. Die Jünger sind so etwas wie ein Vorbild für uns. Auch du kannst ein Jünger Jesus' sein und ihm nachfolgen.

Karfreitag: Dieser Tag, der Freitag vor > Ostern, ist der traurigste Tag im Kirchenjahr, für evangelische Christen auch der höchste Feiertag. Die Christen erinnern sich daran, dass an diesem Tag Jesus am Kreuz gestorben ist. Die Evangelischen feiern am Vormittag einen Festgottesdienst, die Katholiken begeben sich miteinander auf einen Kreuzweg und treffen sich um 15.00 Uhr zu einer stillen Andacht in der Kirche. Denn zu dieser Uhrzeit soll Jesus gestorben sein.

Karwoche: An Palmsonntag, dem Sonntag vor > Ostern, beginnt die Karwoche, die am Samstag endet. In dieser Woche gedenken die Christen auf der ganzen Welt des Leidens und Sterbens Jesu. »Kar« leitet sich vom althochdeutschen Wort »kara« für »Kummer«, »Klage«, »Trauer« ab.

Katholisch: Woran denkst du, wenn du das Wort »katholisch« hörst? Den Papst, die Ministranten oder Maria? Das Wort katholisch heißt eigentlich etwas ganz anderes: »allumfassend« oder »weltweit«. Es erinnert daran, dass alle Menschen eine weltweite Gemeinschaft bilden und deshalb auch füreinander verantwortlich sind. Egal ob jemand von uns in Europa, in Asien, in Afrika oder in Amerika lebt – alle gehören zusammen.

Kerze: Eine Kerze anzünden und ihr beim Flackern zusehen, hat etwas Beruhigendes. Im Advent und an Weihnachten brennen besonders viele Kerzen und auch in Kirchen und in Gottesdiensten dürfen Kerzen nicht fehlen. Sie sind aber nicht nur Dekoration. Die brennenden Kerzen sind ein Symbol für Jesus. Er wird als »Licht der Welt« bezeichnet. Deshalb bekommen alle Kinder bei der > Taufe eine Taufkerze.

Kirche: Was fällt dir beim Stichwort »Kirche« ein? ... Viele denken bei diesem Wort sofort an das Kirchengebäude in ihrem Wohnort. Es gibt Kirchen aus Steinen, aus Holz und sogar auch eine aufblasbare. In manchen Kirchen haben mehrere Tausend Menschen Platz (wie im Petersdom in Rom), in anderen ein paar Hundert und manche Kirchen sind sogar so klein, dass nur fünf bis zehn Personen hineinpassen. Sie werden auch oft Kapellen genannt. Eine Kirche ist ein besonderes Gebäude: Es ist so etwas wie das »Haus Gottes«. Vielleicht hast du auch schon mal gehört, dass »Gott

dort zu Hause sein« soll. Das ist nicht falsch, aber: Christen glauben, dass Gott überall ist und nicht nur in einem bestimmten Gebäude zu finden ist. Die Kirche ist der Ort, wo Menschen und Gott sich ganz nah sind. Mit Kirche wird auch die Gemeinschaft Gottes bezeichnet: Alle Christen bilden gemeinsam die Kirche.

Kirchenjahr: Hast du schon einmal Anfang Dezember anderen Menschen ein gutes neues Jahr gewünscht? »So ein Quatsch«, geht dir jetzt durch den Kopf, »das neue Jahr beginnt doch erst am 1. Januar!«. Das Kirchenjahr fängt aber schon am ersten > Advent an und endet Ende November bei den Katholiken mit dem Fest Christkönig und bei den Evangelischen mit dem Ewigkeitssonntag. Der Höhepunkt des Kirchenjahres ist > Ostern.

Kirchensteuer: Alle, die Mitglieder in der evangelischen oder in der katholischen Kirche sind, bezahlen Kirchensteuer. Die Höhe des Betrags hängt davon ab, wie viel sie verdienen. Wer wenig verdient, muss auch wenig Kirchensteuer bezahlen. Mit dem Geld, das die Kirchen durch diese Steuer einnehmen, bezahlen sie zum Beispiel die Gehälter der Pfarrer und der Mitarbeiter der Kirchengemeinden. Ein großer Teil der Kirchensteuer wird für die Hilfe von kranken und pflegebedürftigen Menschen und solchen in Not eingesetzt, zum Beispiel die Mahlzeiten für Obdachlose. Die Kirchensteuer ist damit also gar nicht so viel anders als eine Spende.

Kloster: Hast du ältere Geschwister oder Cousinen, die schon von zu Hause ausgezogen sind und zusammen mit Freunden in Wohngemeinschaften leben? Viele Jugendliche träumen davon, mal in einer WG zu leben. Eine WG hat viele Vorteile: Man kann viel Zeit mit seinen besten Freunden verbringen, man ist nie alleine und man kann auch die Hausarbeit auf-

teilen. Eine besondere Art von WG sind die Klöster: Nonnen und Mönche leben in einem Kloster, weil ihnen der Glaube sehr wichtig ist und sie ihn in der Gemeinschaft mit anderen leben wollen. Es gibt Klöster mit nur zwanzig Nonnen oder Mönchen, manche aber haben bis zu hundert Nonnen oder Mönche. Bei manchen Klöstern handelt es sich um geschlossene Gemeinschaften: Die Nonnen oder Mönche verlassen das Klostergebäude nur in Ausnahmefällen und sie empfangen auch keinen Besuch. Die Tage sind durch fixe Gebetszeiten geprägt: Der Tag beginnt in den meisten Klöstern schon um fünf Uhr mit dem Morgengebet, im Laufe des Tages trifft sich die Gemeinschaft immer wieder zum Gebet. Fast alle Klöster haben heute das gleiche Problem: Es gibt zu wenig junge Menschen, die in ihre Gemeinschaft eintreten wollen. Deshalb mussten in den letzten Jahren einige Klöster aufgehoben werden. Heute gibt es auch viele Klöster, die Zimmer für Menschen anbieten, die Ruhe und Abstand vom Alltag suchen. Sie verbringen ein paar Tage im Kloster und tanken Kraft. Wäre das auch mal was für dich?

Kollekte: In fast jedem Gottesdienst wird Geld gesammelt. Die Mitfeiernden stecken Geld in ein Körbchen oder den > Opferstock. Damit bezahlen sie nicht das »Eintrittsticket« wie bei einer Theater- oder Kinovorstellung.

Das Geld ist für Menschen in Not bestimmt. In jedem Gottesdienst wird gesammelt, zum Beispiel für Menschen, die arm sind, für Straßenkinder in Südamerika oder für die Opfer einer Umweltkatastrophe.

Kommunion: Nach der > Erstkommunion können die katholischen Kinder an den Eucharistiefeiern teilnehmen. Die Kommunion ist eines der sieben > Sakramente.

Konfession: Es gibt verschiedene Religionen und es gibt auch mehrere Konfessionen. Eine Konfession ist so etwas wie eine Untergruppe oder eine Abteilung einer Religion. Im Christentum gibt es zum Beispiel die römisch-katholische, die evangelische oder die orthodoxe Konfession. Jede Konfession hat eigene Traditionen oder legt die Bibel ein bisschen anders aus. Heute versuchen die verschiedenen Konfessionen trotz der Unterschiede ihre Gemeinsamkeiten zu betonen und setzen sich für die > Ökumene ein.

Konfirmation: Evangelische Jugendliche, die sich dafür entscheiden, dass Gott und der Glaube auch künftig in ihrem Leben wichtig sein sollen, feiern Konfirmation. Es ist so etwas wie die Bestätigung der Taufe. Sie bereiten sich ungefähr

ein Jahr lang mit dem Konfirmandenunterricht darauf vor und setzen sich intensiv mit Jesus, der Bibel und ihrem Glauben auseinander. Bei den Katholiken gibt es ein ähnliches Fest: Die > Firmung.

Kreuz/Kruzifix: In den Kirchen, in vielen Wohnungen und oft auch auf Berggipfeln sind Kreuze aus Holz oder Metall zu finden. Manche Menschen tragen einen Kreuzanhänger um den Hals. Sie sind eine Erinnerung an Jesus, der für die Menschen am Kreuz gestorben ist. Eigentlich ist es ein trauriges Symbol. Aber da Jesus an Ostern auferstanden ist, hat das Kreuz heute trotzdem eine positive Bedeutung. Wenn jemand zu Hause ein Kreuz aufhängt, möchte er damit sagen: »Mir ist Jesus wichtig und ich will zeigen, dass ich ihm nachfolge.« Das Kreuz ist vielleicht so etwas wie ein Logo: Sportartikel-Firmen oder Getränke-Firmen haben ein Logo. Sie wollen, dass man sie sofort erkennt. Es gibt übrigens zwei Arten des Kreuzes: Auf manchen ist der Körper von Jesus zu sehen. Dieses Kreuz erinnert noch mehr an den Tod Jesu. Dieses Kreuz wird »Kruzifix« genannt.

Krippe: Vielleicht steht an Weihnachten auch eine bei dir zu Hause: Eine Weihnachtskrippe, in der die Szene von Jesus, Maria und Josef mit den Tieren, den Hirten und den Engeln im Stall von Betlehem nachgestellt ist. »Krippe« bezeichnete ursprünglich den Futtertrog für die Tiere. Und so kam auch der Begriff Weihnachtskrippe zustande: Jesus kam in einem Stall zur Welt. Da gab es natürlich kein Bett. Bestimmt legte Maria ihn in eine mit Stroh gefüllte Krippe.

Küster: Bevor ein Gottesdienst gefeiert werden kann, gibt es eine Menge zu tun: Die Kirche wird geputzt, der Altar vorbereitet, die Kerzen angezündet. Manchmal wird sogar ein schöner Blumenschmuck aufgestellt. Und auf der Tafel mit den Liedern, die im Gottesdienst gesungen werden, müssen die richtigen Nummern angeschlagen werden. Dafür ist der Küster oder > Mesner verantwortlich.

Kyrie: »Herr, erbarme dich!«, beten die Katholiken im Gottesdienst. Ursprünglich hieß diese Gebetsformel: »Kyrie Eleison«. Dieser Ausdruck kommt auch in verschiedenen Kirchenliedern vor. Dieser Ruf ist schon 1500 Jahre alt und so etwas wie eine respektvolle Anrede. Das Wort »erbarme dich« klingt für unsere Ohren etwas merkwürdig. Man könnte es auch übersetzen mit »Hab Mitleid« oder »Verzeih uns«. Wenn die Leute im Gottesdienst »Herr, erbarme dich« rufen, denken sie daran, was in den letzten Tagen nicht so gut gelaufen ist oder welche Fehler sie gemacht haben.

Laie: Damit werden alle Menschen in der Kirche bezeichnet, die nicht die > Weihe bekommen haben, also alle, die nicht Priester oder > Diakone sind. Im Alltag ist das Wort unter einer anderen Bedeutung bekannt: »Du bist so ein Laie!«, sagt man zu jemandem, der sich mit etwas nicht auskennt oder seinen Beruf nicht gelernt hat.

Landeskirche: Die katholische Kirche ist eine weltweite Kirche. Die evangelische Kirche ist in Landeskirchen organisiert. Eine Landeskirche umfasst meistens ein Bundesland.

Liturgie: Dieses Wort ist ein Überbegriff für alle Formen von > Gottesdiensten.

Losungen: Wie startest du in den Tag – flitzt du schnell unter die Dusche? Gönnst du dir ein leckeres Frühstück mit einer heißen Tasse Kakao? Manche schauen zuerst auf ihr Handy, lesen die Losung vom Tag und denken darüber nach. Sie lassen sich per E-Mail oder auf dem Smartphone täglich eine Bibelstelle zuschicken. So müssen sie nicht selber entscheiden, welche Bibelstelle sie lesen möchten. Die Losungen werden von einem Team von Bibel-Experten erstellt. Sie achten darauf, dass man im Laufe des Jahres eine möglichst große Auswahl an verschiedenen Geschichten, Personen und Themen aus der Bibel kennenlernt. Mit der Losung kann man die Bibel »abonnieren«, so wie andere eine Zeitung oder Zeitschrift abonnieren.

Luther: Seine Familie und er hätten wohl nie gedacht, dass er einmal auf der ganzen Welt bekannt ist und dass sich sogar fünfhundert Jahre nach seinem Tod die Menschen intensiv mit ihm beschäftigen: Martin Luther war ursprünglich ein > Mönch. Ihm waren die Bibel und der Glaube an Gott sehr wichtig. Er wollte, dass auch alle anderen Menschen Gott lieben und auf ihn vertrauen. Er konnte nicht verstehen, warum andere Mönche, Bischöfe und der Papst den Menschen mit der Hölle drohten und Gott als strafend und nachtragend beschrieben. In der Bibel stand doch an so vielen Stellen, dass Gott den Menschen verzeiht und ihnen eine neue Chance gibt! Er tat sich schwer damit, dass Maria, die Heiligen und viele Feste im Alltag eine so wichtige Rolle spielten. »Jesus und die Bibel müssen im Mittelpunkt stehen!«, sagte er. Am 31. Oktober 1517 veröffentlichte er 95 Thesen. Darin listete er alle Dinge auf, die ihn an der Kirche störten. Er forderte zum Beispiel, dass die Gottesdienste in Deutsch gefeiert werden, damit auch alle Menschen die Texte verstehen. Die Thesen lösten die > Reformation aus.

Maria: Auf den ersten Blick ist sie bei den Katholiken fast so etwas wie ein Popstar: Es gibt viele Statuen und Bilder von ihr, viele Kirchenlieder handeln von ihr, im Kirchenjahr sind ihr sogar ein paar Feste gewidmet und viele Menschen machen weite Reisen zu Orten, an denen sie erschienen sein soll.

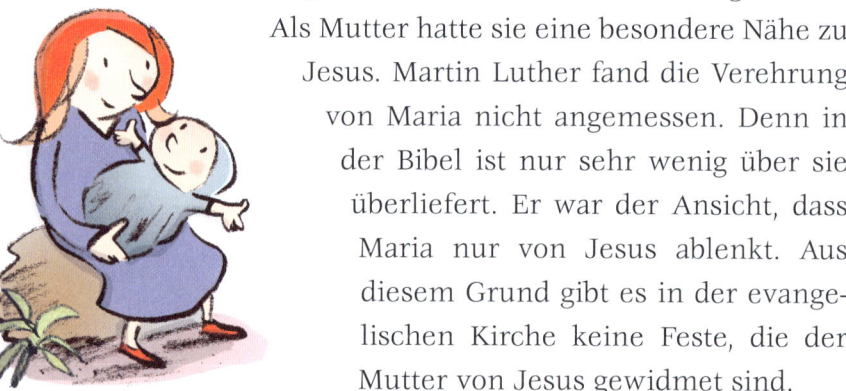

Für die Katholiken ist Maria, die Mutter von Jesus, eine wichtige Person. Sie hat Jesus zur Welt gebracht. Als Mutter hatte sie eine besondere Nähe zu Jesus. Martin Luther fand die Verehrung von Maria nicht angemessen. Denn in der Bibel ist nur sehr wenig über sie überliefert. Er war der Ansicht, dass Maria nur von Jesus ablenkt. Aus diesem Grund gibt es in der evangelischen Kirche keine Feste, die der Mutter von Jesus gewidmet sind.

Mesner: Für den Beruf der Mesnerin und des Mesners gibt es viele verschiedene Bezeichnungen: > Küster, Sigrist oder Sakristan.

Messe: Wenn ein Katholik zu dir sagt: »Am Sonntag besuche ich die Heilige Messe«, meint er damit, dass er an einem Gottesdienst teilnimmt. Der Priester sagt am Ende des Gottesdienstes: »Gehet hin in Frieden!«, auf Latein hieß das früher: »Ite, misse est!« Daraus hat sich dann der Begriff »Messe« als anderes Wort für einen katholischen Gottesdienst entwickelt.

Messias: Was haben die Sänger Lady Gaga, P!nk und Mark Forster gemeinsam? Sie alle haben einen Künstlernamen: In Wirklichkeit heißen sie ganz anders. Sie haben einen neuen Namen gewählt, um damit sichtbar zu machen, für was sie und ihre Musik stehen. Auch Jesus ist nicht nur unter seinem »richtigen« Namen bekannt – er hat zwei weitere Namen: Messias und > Christus. Das sind natürlich keine Künstlerna-men, sondern eher etwas wie ein Ehrentitel: »Messias« heißt auf Deutsch übersetzt »Der Gesalbte«. Früher wurden hohe Beamte und Könige gesalbt. Wenn die Christen Jesus Messias nennen, zeigen sie, dass er für sie etwas ganz Besonderes ist und eine besondere Nähe zu Gott hat.

Mönch: Nonnen und Mönche leben in Klöstern. Sie wurden Nonne oder Mönch, weil sie ihr Leben ganz auf Gott ausrich-ten wollten. Nonnen und Mönche versprechen bei ihrem Eintritt ins Kloster, auf persönliches Eigentum zu verzichten und ehelos zu leben. Viele tragen eine einfache Kutte. Damit wollen sie zeigen, dass äußerliche Dinge wie Kleidung nicht so wichtig sind.

Nächstenliebe: Welches ist der wichtigste Satz, den Jesus je gesagt hat? Wahrscheinlich dieser: »Liebe deinen Nächsten wie dich selbst!« Jesus hat den Menschen beigebracht, respektvoll mit allen Menschen umzugehen und sich um Menschen in Not zu kümmern – egal ob sie in unserem Dorf, in unserem Land oder auf einem anderen Kontinent leben, egal ob sie arm oder reich sind. Denn alle sind von Gott geschaffen und bilden eine Gemeinschaft. Eine Form von Nächstenliebe ist die > Diakonie.

Neues Testament: Jesus hat die Menschen damals sehr beeindruckt. Viele dieser Erlebnisse und seine Worte erzählten sich die Menschen weiter und nach einiger Zeit wurden sie aufgeschrieben. Sie sind heute im Neuen Testament zu finden. Einen großen Teil dieses Buches machen die vier Evangelien aus. Im Neuen Testament ist aber auch die Apostelgeschichte zu finden. Darin wird erzählt, was die Jünger nach der Auferstehung von Jesus erlebt haben. Das Neue Testament gab es zuerst auf Griechisch, erst nach der > Reformation, also vor fünfhundert Jahren, wurde es von Martin Luther zum ersten Mal ins Deutsche übersetzt. Die Bibel besteht aus dem Neuen Testament und dem Alten Testament.

Nikolaus: Die meisten Kinder können den 6. Dezember kaum erwarten. Endlich kommt wieder der Nikolaus! Sie dürfen ein Gedicht aufsagen und er schenkt ihnen Süßigkeiten. Der Nikolaus ist keine erfundene Figur, sondern er erinnert an

Bischof Nikolaus. Aus diesem Grund trägt der Nikolaus eine Bischofsmütze und einen Bischofsstab. Der Heilige Nikolaus lebte vor etwa 1700 Jahren auf dem Gebiet der heutigen Türkei und half Kindern in Not. Er ist für viele Menschen bis heute ein Vorbild. Nikolaus ist einer von vielen > Heiligen, die in der katholischen Kirche verehrt werden.

Nonne: Wie die > Mönche leben die Nonnen in Klöstern. Ihr Alltag ist stark vom Glauben geprägt.

Offenbarung: Im Neuen Testament wird von mehreren Offenbarungen erzählt. Eine Offenbarung ist so etwas wie eine Mitteilung oder ein Traum, den jemand von Gott erhält und in dem er etwas Wichtiges verkünden möchte. Der Apostel Paulus war lange Zeit ein großer Feind der Christen und hat sie verfolgt. Erst durch eine Offenbarung hat er zum Glauben gefunden und wurde Nachfolger von Jesus. Er war als Soldat unterwegs in die Stadt Damaskus, als ihm plötzlich der auferstandene Jesus erschien und ihn beauftragte, seine Botschaft zu den Menschen zu bringen.

Ökumene: Früher kamen Katholiken und die Evangelischen gar nicht gut miteinander aus. Sie sahen sich als Gegner und wollten nichts miteinander zu tun haben. Zum Glück ist das heute anders: Beide haben erkannt, dass sie doch viel mehr Gemeinsamkeiten als Unterschiede haben. Es ist besser zusammenzuhalten als miteinander zu streiten. Viele Christen setzen sich deshalb für die Ökumene ein. Das komplizierte Wort kommt aus dem Griechischen und bedeutet so viel wie »die ganze bewohnte Erde«. Damit wird ausgedrückt, dass alle Christen gemeint sind, egal zu welcher Konfession oder Kirche sie gehören. Die Ökumene wird heute vielfältig gelebt: Zum Beispiel gibt es gemeinsame, ökumenische Gottesdienste.

Opfer(stock): Hast du schon bemerkt, dass es in fast jeder Kirche in der Nähe des Eingangs einen Kasten mit einem Schlitz gibt, in dem man wie bei einem Automaten Geld hineinschieben kann? Im Gegensatz zu einem Automaten kommt hier aber kein Ticket oder ein Getränk heraus, das Geld, das die Menschen in den Opferstock stecken, bekommen Menschen, die in Not sind. > Kollekte

Ordination: Egal ob du Lehrer, Maurer oder Polizistin werden möchtest, bei jedem Beruf musst du zuerst eine Ausbildung absolvieren. Das ist auch bei > Pfarrern so. Doch die Ausbildung alleine genügt nicht. Sie werden erst durch die Ordination zum Pfarrer. In der katholischen Kirche ist die Ordination die > Weihe. Sie werden vom Bischof zum Priester geweiht.

Ostern: Leckere Schoko-Hasen, bunt gefärbte Eier und die Suche nach dem versteckten Osternest – Ostern ist immer ein ganz besonderes Ereignis. Für die Christen ist Ostern der Höhepunkt im Kirchenjahr: Sie feiern die Auferstehung von Jesus. Nachdem Jesus an > Karfreitag starb, trauerten seine Freunde. Drei Tage nach seinem Tod machten sich ein paar Frauen auf den Weg zu seinem Grab. Sie wollten den Leichnam salben. Am Grab war die Überraschung groß: Das Grab war leer, der große Stein war weggerollt. Ein Engel erzählte ihnen, dass Jesus lebte. Für viele ist Ostern ohne bunt bemalte Eier undenkbar. Das Osterei hat mit der Auferstehung Jesus' übrigens viel mehr zu tun, als man oft meint: Das Ei ist ein Symbol des Lebens. Von außen ist nur die Schale zu sehen, man hat keine Ahnung, was sich im Inneren verbirgt. Genauso war es mit dem Grab von Jesus: Die Menschen glaubten, er wäre gestorben und es wäre nun alles vorbei. Doch Gott schenkte Jesus ein neues Leben. Ostern ist auch das Ende der > Fastenzeit.

Papst: Wer wird am häufigsten eingeladen? Ein berühmter Fußballspieler, eine beliebte Schauspielerin? Vielleicht ist es der Papst – Politiker und andere Menschen auf der Welt träumen davon, dass der Papst sie endlich mal besucht. Doch obwohl der Papst viele Auslandsreisen unternimmt, schafft er es natürlich nicht, überall hinzureisen. Er ist das Oberhaupt der katholischen Kirche und so etwas wie der »Chef« dieser weltweiten Kirche. Damit ihn doch möglichst viele Menschen einmal von Nahem sehen können, hält er jeden Mittwoch in Rom Audienzen. Dem Papst ist es wichtig, die Menschen für Gott zu begeistern. Er macht aber auch immer wieder auf Ungerechtigkeiten aufmerksam und ermutigt die Menschen, respektvoller miteinander umzugehen. Grundsätzlich könnte jeder männliche Katholik, der gefirmt wurde, zum Papst gewählt werden. Doch in den letzten Jahrhunderten waren es meistens Bischöfe oder Kardinäle, die Papst wurden. Die meisten der bisherigen Päpste stammten aus Europa, Papst Franziskus ist der erste Papst aus Südamerika.

Paradies: Alle Menschen sind fröhlich, niemand streitet miteinander und alle sind gesund. Eine wunderbare Vorstellung – nur leider hat sie mit unserer Welt nicht viel zu tun. In der Bibel wird berichtet, dass Gott einst das Paradies erschaffen hat. Es wird als wunderbarer Garten beschrieben, in dem Menschen und Tiere in Einklang leben und glücklich sind. Christen hoffen darauf, dass sie eines Tages nach dem Tod wieder in dieses Paradies gelangen. Gerade wenn es einem nicht gut geht, man traurig oder einsam ist, ist die Vorstellung vom Paradies tröstend. Wie stellst du dir das Paradies vor?

Passion: Auf Deutsch bedeutet das »Leiden«, damit ist das Leiden Jesus' gemeint.

Pastor: Eine andere Bezeichnung für > Pfarrer.

Pate: Was unternimmst du mit deiner Tante oder deinem Onkel am liebsten? Jedes Kind, das getauft wird, hat eine Patin oder einen Paten. Die meisten von ihnen wurden von den Eltern des Kindes ausgewählt. Die Paten versprechen bei der Taufe, sich um das Kind zu kümmern, ihnen Gott und die Bibel näherzubringen und immer für es da zu sein – gerade auch dann, wenn es dem Kind mal nicht so gut geht und es Trost braucht.

Pfarrer: Was ist dein Traumberuf, was möchtest du später einmal werden? Bist du gerne für andere Menschen da, kannst du gut zuhören und feierst gerne Gottesdienste? Keine schlechten Voraussetzungen, um Pfarrerin oder Pfarrer zu werden! Ein Pfarrer hat viele Aufgaben: Er bereitet die Gottesdienste vor und schreibt die > Predigten, er tauft, traut Ehepaare, er besucht Kranke und er leitet die Beerdigungen. Er steht also den Menschen bei wichtigen Lebensereignissen zur Seite. Pfarrer sind so etwas wie die Nachfolger von Jesus. Sie entscheiden sich, ihr Leben ganz in den Dienst der anderen zu stellen. In der katholischen Kirche dürfen nur Männer Pfarrer werden, in der evangelischen Kirche gibt es auch Pfarrerinnen. Pfarrer absolvieren eine lange Ausbildung: Sie studieren > Theologie und werden dann im Vikariat auf ihren Beruf vorbereitet. Manchmal sind Pfarrer für eine oder mehrere Pfarreien oder Kirchgemeinden verantwortlich.

Pfingsten: Nach der > Himmelfahrt von Jesus waren die Jünger ziemlich ratlos und sie hatten auch etwas Angst. Wie sollte es jetzt mit ihnen weitergehen? Was genau erwartete Jesus von ihnen? Sie waren noch immer in Jerusalem. Als sie sich eines Tages wieder versammelten, geschah etwas Merkwürdiges: Plötzlich hörten sie ein lautes Brausen, das vom Himmel her kam. Es war aber kein Gewitter. Auf einmal konnten sich alle Menschen verstehen, obwohl sie alle unterschiedliche Sprachen sprachen. Der Heilige Geist kam zu den Jüngern und gab ihnen den Auftrag, in die Welt hinaus zu gehen und allen Menschen von Jesus zu erzählen. Pfingsten wird auch als »Geburtstag« der Kirche bezeichnet. Um herauszufinden, wann Pfingsten ist, musst du einfach das Wort Pfingsten übersetzen. Das Wort kommt aus dem Griechischen und heißt: »der fünfzigste Tag« – damit gemeint ist der fünfzigste Tag nach Ostern.

Pilger/Pilgern: Einfach wunderschön, was man bei einer Wanderung erleben kann: Man ist mitten in der Natur, Vögel fliegen durch die Luft, am Wegesrand blühen schöne Blumen und die frische Luft tut gut. Viele Menschen spazieren oder wandern gerne, um abzuschalten. Sie können über sich, ihr Leben und auch Gott nachdenken. Du hast das vielleicht auch schon mal erlebt: Da grübelt man lange über ein Problem nach, dann macht man einen Spaziergang und plötzlich hat man die Lösung im Kopf! Eine beliebte Pilgerstrecke ist der Jakobsweg. Er ist mehrere Tausend Kilometer lang und führt nach Santiago de Compostela in Spanien, wo der heilige Jakobus begraben ist. Jedes Jahr sind viele

Pilgerinnen und Pilger – so werden die Wanderer auf dem Jakobsweg genannt – in diese Richtung unterwegs. Sie möchten sich auf dieser Wanderung mit Gott auseinandersetzen und auch neue Impulse für ihr Leben bekommen. Damit das besonders gut gelingt, verzichten sie auf allen Luxus: Als Gepäck haben sie nur einen Rucksack dabei, sie übernachten in einfachen Herbergen.

Predigt: Bist du auch schon mal in der Bibel auf eine Geschichte gestoßen, die dir ziemlich merkwürdig vorkam? Die biblischen Geschichten sind zum Teil schon über zweitausend Jahre alt. Die Inhalte sind immer noch hochaktuell, aber für manche Geschichten brauchen wir so etwas wie einen »Übersetzer« – jemand, der uns erklärt, was sie uns heute zu sagen haben. Im Gottesdienst geschieht dies in der Predigt: Der Pfarrer, eine Theologin oder ein Theologe oder Laien erklären eine biblische Geschichte. Mit ihrer Predigt wollen sie die Menschen zum Nachdenken bringen und ihnen Tipps für ihr Leben geben. Manchmal äußern sie in ihren Predigten auch Warnungen, zum Beispiel wenn sie den Eindruck haben, dass in unserem Land etwas falschläuft und Menschen ungerecht behandelt werden.

Priester: > **Pfarrer**

Prophet: Manche Menschen lesen heute gerne Horoskope oder gehen zu Wahrsagern. Sie wollen mehr über ihre Zukunft erfahren. Ob das Ganze wirklich funktioniert, ist sehr umstritten. Oft wurden Wahrsager schon als Betrüger entlarvt. Auch in der Bibel gibt es Menschen, die anderen die Zukunft vorhersagten. Zum Beispiel Esther oder Jeremia. Einige ihrer »Prophezeiungen« kann man sogar in der Bibel nachlesen. Doch anhand dieser Beispiele sieht man: Mit Wahrsagern aus der heutigen Zeit haben sie kaum etwas gemeinsam. Die biblischen Propheten haben Botschaften von Gott überbracht. Sie haben ihre Mitmenschen sehr gut beobachtet und Gefahren frühzeitig erkannt. Auch heute gibt es solche Menschen: Manche warnen vor der Zerstörung der Natur oder der zunehmenden Ungerechtigkeit in der Welt. Leider wurden die Propheten damals oft überhört und auch heute werden sie selten ernst genommen.

Protestantismus/protestantisch: Was fällt dir beim Wort pro-
testieren ein? Sich zur Wehr setzen, rebellieren, Widerstand
leisten? Heute gibt es Protestaktionen, wenn Menschen mit
einem Politiker nicht einverstanden sind oder sich gegen eine
Firma wehren, die ungerecht mit ihren Angestellten umgeht
oder die Natur zerstört. Auch Martin > Luther war vor fünfhundert Jahren mit etwas nicht einverstanden: Ihn störte,
dass sich die Bischöfe und Pfarrer aus seiner Sicht zu wenig
an der Bibel orientierten und viele Dinge taten, die nichts mit
Jesus und seiner Botschaft zu tun hatten. Er »protestierte«
und forderte sie auf, die Bibel in den Mittelpunkt zu stellen.
Er hat damit die > Reformation ausgelöst. Damit entstand
die evangelische Kirche. Die > Evangelischen werden heute
auch »Protestanten« genannt.

Psalm: Mark Forster, Katy Perry oder Selena Gomez – hast
du eine Lieblingssängerin, einen Lieblingssänger? Wie lang-
weilig wäre die Welt ohne Musik! Lieder machen fröhlich,
sie können trösten. Manche Menschen machen sogar selber Musik oder sie singen in einem Chor. Musik war für die
Menschen schon immer wichtig: Auch König David, von dem
im Alten Testament berichtet wird. Er war ein talentierter
Harfenspieler. Wenn er Harfe spielte und sang, hörten die
Menschen fasziniert zu. Er spielte und sang vor allem Lieder,
die sich mit Gott beschäftigen. Einige von ihnen sind in der
Bibel zu finden: »Die Psalmen« sind so etwas wie schöne Gedichte oder Lieder. Manche sind bis heute sehr berühmt wie

zum Beispiel der 23. Psalm: »Der Herr ist mein Hirte«. Vielen Menschen spenden die Psalmen heute Trost oder schenken Hoffnung. Die Psalmen sollen uns auch zeigen: So wie König David Gedichte über seinen Glauben und seine Fragen an Gott geschrieben hat, so können auch wir das machen.

Reformation: Mit seinen Ideen wollte Martin > Luther die Kirche erneuern. Die Kirche sollte sich wieder auf das Wesentliche konzentrieren: auf Jesus und seine Botschaft. In der Kirche gab es nämlich inzwischen viele Bräuche und Traditionen, die nicht auf Jesus zurückgingen. Auch viele Bischöfe und Priester kümmerten sich zu wenig um die Menschen und dachten vor allem an ihr eigenes Vergnügen. Martin Luther setzte sich auch besonders dafür ein, den Glauben für alle verständlich zu machen. Er übersetzte die Bibel auf Deutsch. Denn bisher gab es diese nur auf Latein und Griechisch. Doch diese Sprachen verstanden nur noch ein paar wenige. So konnte bis zur Reformation fast niemand selber die Bibel lesen. Auch in den Gottesdiensten wurde auf einmal Deutsch gesprochen. Viele begriffen da zum ersten Mal, worum es eigentlich ging. Es gab aber noch viele weitere Veränderungen: Luther und andere Reformatoren sorgten dafür, dass die Einrichtung der Kirchen schlichter wurden. Deshalb gibt es in evangelischen Kirchen fast keine Bilder oder prunkvolle Statuen. Die Reformation löste überall große Unruhen aus, es gab sogar Kriege, da sich die katholische Kirche und die Reformatoren bekämpften. Doch oft ging es dabei gar nicht um den Glauben, sondern um Geld und Macht.

Reformationstag: Was machst du am 31. Oktober? Die evangelische Kirche feiert an diesem Tag so etwas wie ihren »Geburtstag«. An diesem Tag begann mit dem Thesenanschlag von Martin > Luther die > Reformation. Ohne dieses Ereignis würde es die evangelische Kirche heute nicht geben. Die Evangelischen beschäftigen sich am Reformationstag aber auch mit einer wichtigen Frage: »Wo und wie müsste heute die Kirche ›reformiert‹ / erneuert werden?« Seit der Reformation sind fünfhundert Jahre vergangen, heute ist die Welt ganz anders als früher. Was würdest du gerne in der Kirche ändern?

Reich Gottes: Italien, Spanien oder Österreich – auf unserer Welt gibt es viele verschiedene Länder. Jedes Land hat seine Besonderheit: Italien ist bekannt für leckeres Essen, die Niederlande für schöne Tulpen und die Schweiz für die hohen Berge. Auch Gott hat so etwas wie ein »Land«. Wofür ist dieses bekannt? Für Frieden, Zusammenhalt und Glück. Es gibt dort keine Polizisten, keine Gefängnisse und auch keine Armut. Natürlich ist dieses Land auf keiner Landkarte zu finden: »Das Reich Gottes« ist so etwas wie ein Ziel, auf das alle Menschen hoffen. In der Bibel wird den Menschen versprochen, dass sie alle in Gottes Reich glücklich leben werden. Gottes Reich ist von Frieden geprägt. Das Reich Gottes ist aber nicht nur ein Geschenk. Gott möchte, dass die Menschen mit anpacken – sie sind mitverantwortlich, dass Gottes Reich entsteht: Wenn sie sich für Frieden und Nächstenliebe einsetzen, dann zeigen sie anderen, was das Besondere an einem »Land des Friedens« ist. Wenn alle respektvoll miteinander umgehen, bricht auch in Deutschland, in Österreich oder in der Schweiz schon ein bisschen von Gottes Reich an.

Religion: Es gibt fünf große Weltreligionen. Zu diesen weltweiten Glaubensgemeinschaften gehören das Judentum, das > Christentum, der Islam, der Buddhismus und der Hinduismus. Das Judentum, das Christentum und der Islam werden »abrahamitische« Religionen genannt, weil sie alle den gleichen Stammvater Abraham haben. Seine Geschichte wird im > Alten Testament erzählt.

Sakrament: Ein Ehepaar bekommt ein Kind, zwei Verliebte heiraten, jemand wird schwer krank – solche Ereignisse haben eine Gemeinsamkeit: Die Betroffenen sind etwas verunsichert. Sie wissen nicht, welche Herausforderungen ihnen begegnen werden. Sie hoffen, dass alles gut ausgeht und sie glücklich werden. Vielen ist es dann besonders wichtig zu spüren: »Ich bin nicht alleine, Gott ist mir nahe.« Bei der Feier der Sakramente können die Gläubigen das besonders intensiv erfahren. In der katholischen Kirche gibt es sieben Sakramente: Taufe, Erstkommunion, Beichte, Firmung, Priesterweihe, Hochzeit und Krankensalbung. In der evangelischen Kirche gibt es nur zwei Sakramente: die Taufe und das Abendmahl, weil diese von Jesus eingesetzt wurden.

Sakristei: Der Raum in einer Kirche, wo sich die Pfarrer und alle anderen Mitwirkenden auf den Gottesdienst vorbereiten. Dort werden auch die Gewänder, die die Pfarrer im Gottesdienst tragen, aufbewahrt.

Schöpfung: Ein Regenbogen nach einem Gewitter, ein Sonnenaufgang an einem Sommermorgen oder ein Hund, der vergnügt über die Wiese flitzt – was gefällt dir auf unserer Welt am besten? Die Welt ist nicht zufällig entstanden. Gott hat unseren Planten, die Natur, die Tiere und am Schluss den Menschen erschaffen. Davon wird im Alten Testament erzählt. Wie ein Künstler hat er die Welt wunderbar gemacht. Deshalb ist unser Planet so bunt und es gibt auch so viele

Düfte. Gott wird deshalb auch »der Schöpfer« genannt. Wer respektvoll mit Gottes Schöpfung umgeht, der gibt auf die Natur und die Tiere acht und behandelt auch andere Menschen mit Respekt.

Segen: Wenn sich jemand auf eine größere Reise begibt, auf eine neue Schule wechselt oder umzieht, ist er manchmal nervös: War es die richtige Entscheidung? Wird alles gut gehen? Was werde ich dort erleben? Werde ich bald neue Freunde finden? Vielen Menschen tut es in solchen Situationen gut, um den Segen Gottes zu bitten. Der Segen ist ein Gebet. Auch am Ende eines Gottesdienstes gehen die Menschen nicht ohne einen Segen auseinander. Der Priester oder der Verantwortliche des Gottesdienstes bittet darum, dass Gott die Menschen begleitet und beschützt. Dieser Zuspruch soll den Menschen in Erinnerung rufen: Egal wo sie sind und was sie erleben, Gott ist mit ihnen. In der katholischen Kirche werden sogar Wohnungen, Fahrräder oder Autos mit > Weihwasser gesegnet. Die Wohnungen und die Fahrzeuge werden dadurch nicht sicherer oder gehen weniger schnell kaputt. Der Segen Gottes soll dazu beitragen, dass die Menschen diese Gegenstände respektvoll behandeln und die Menschen dadurch keinen Schaden erleiden.

Sohn Gottes: **>** Jesus wird »Sohn Gottes« genannt. Gott ist sein Vater.

Sonntag: Was darf für dich an einem Sonntag auf keinen Fall fehlen – ausschlafen, ein großes Frühstück oder gemeinsam mit der Familie etwas unternehmen? Sonntag ist ein besonderer Tag – die meisten Menschen haben frei, du musst nicht in die Schule. Ein Leben ohne Sonntag? Keine schöne Vorstellung! Christen nennen den siebten Tag der Woche auch »Tag des Herrn«. Denn am Sonntag erinnern sie sich an die Auferstehung von Jesus. Der Sonntag wurde aber schon viel früher erfunden: In den **>** 10 Geboten im Alten Testament wird erwähnt, dass wir am siebten Tag ruhen und uns erholen sollen. Tag für Tag immer nur arbeiten? Keine schöne Vorstellung! Der Sonntag schenkt uns Ruhe und Erholung. Auch Gott hat, nachdem er an sechs Tagen die Welt erschaffen hat, am siebten Tag geruht.

Sternsinger: Achtung, wenn du am 6. Januar die Tür öffnest, könnten drei merkwürdige Gestalten vor der Tür stehen: Caspar, Melchior und Balthasar. Sie sehen wie Könige aus einem anderen Land aus. Keine Angst, normalerweise sind das nur Kinder und Jugendliche aus deinem Ort, die sich verkleidet haben. Sie besuchen dich, um dein Haus zu segnen, ein Lied zu singen und Spenden für Kinder und Jugendliche in Not zu sammeln. Der Brauch geht zurück auf die Heiligen Drei Könige, die Jesus nach seiner Geburt besuchten und ihm

Gold, Weihrauch und Myrrhe mitbrachten. Heute sind die Sternsinger jedes Jahr auf der ganzen Welt unterwegs. Dies ist die größte weltweite Hilfsaktion. Du willst auch mitmachen? Dann erkundige dich in der Pfarrei vor Ort. Da jedes Jahr viele Wohnungen und Häuser besucht werden müssen, werden auch immer wieder neue Sternsinger gesucht.

Sünde: »Diese Sünde gönne ich mir!«, sagen manche Erwachsenen, wenn sie sich ein Stück Schokolade in den Mund stecken. Sie sagen, dass sie etwas machen, auf das sie besser verzichten sollten, um schlank zu bleiben oder die Zähne vor Karies zu schützen. Mit der Sünde im eigentlichen Sinn hat das nichts zu tun: Wer sündigt, tut etwas, das Gott nicht gefällt.

Wenn jemand zum Beispiel fies zu einem anderen Menschen ist, handelt er gegen Gottes Willen. Denn Gott liebt alle Menschen und deshalb tut es ihm weh, wenn jemand traurig ist oder ungerecht behandelt wird. Die Sünde »stört« dann die Beziehung zwischen Gott und den Menschen.

Talar: Was haben Polizisten, Ärzte und Richter gemeinsam? Sie alle tragen eine Uniform. Dank der Uniform wissen die anderen Menschen sofort, mit wem sie es zu tun haben. Auch Pfarrer tragen im Gottesdienst eine Art Uniform. Der Talar ist schlicht gehalten. Dies soll verhindern, dass die Gläubigen von der Kleidung des Pfarrers abgelenkt werden. Stell dir mal vor, der Pfarrer würde den Gottesdienst in einem knallroten Pullover oder in zerrissenen Jeans feiern. Da würden die Leute große Augen machen, der eine oder andere würde sogar mit seinem Banknachbarn über das Outfit lästern.

Taufe: Wer Christ werden will, muss keine Aufnahmeprüfung bestehen oder an einem Casting teilnehmen. Christ wird man durch die Taufe. In der Kirche wird dem Täufling Wasser über den Kopf gegossen oder mit Wasser ein Kreuz auf die Stirn gezeichnet, der Pfarrer spricht über dem Täufling den Namen

des dreieinigen Gottes aus und ein Gebet. Aber das hat nichts mit dem Waschen der Haare beim Friseur zu tun. Es erinnert an die Taufe von Jesus. Er wurde von Johannes im Fluss Jordan getauft. Das Wasser ist ein Symbol der Reinigung. Wer sich taufen lässt, bekommt so etwas wie ein neues Leben: Er wird von allem Schlechten reingewaschen. Deshalb tragen die Babys bei der Taufe auch meistens ein weißes Kleid. Weiß ist die Farbe der Reinheit und der Unschuld.

Teufel: Manche Menschen zucken schon zusammen, wenn sie seinen Namen hören. Viele Jahrhunderte lang wurde er wie eine angsteinflößende Figur aus einem Horrorfilm beschrieben, von dem ständige Gefahr droht. Eines lässt sich nicht leugnen: Auf unserer Welt gibt es viel Böses – Verbrecher, die andere Menschen bedrohen, Lügner, die sich auf Kosten anderer bereichern, Firmen, die die Umwelt zerstören, weil es ihnen nur darum geht, möglichst viel Geld zu verdienen. Mit diesen Beispielen versuchen heute die Theologen zu erklären, wie man sich den Teufel vorstellen kann. Sie ersetzen seinen Namen durch den Begriff »Das Böse«.

Theologie: Wenn du Deutschlehrer werden möchtest, musst du Germanistik studieren. Dir gefällt der Beruf des Arztes besser? Dann wirst du das Medizinstudium absolvieren müssen. Wer Pfarrer werden möchte, studiert Theologie. Es ist die Wissenschaft über Gott. In diesem Studium erfahren die Studierenden alles über die Entstehung der Bibel und der Kirche.

Sie setzen sich mit Gott auseinander. Es kommen aber noch viele weitere Themen vor: Kirchenmusik, Philosophie und Ethik. Theologie ist ein Studium wie andere, auch Theologiestudierende müssen für Prüfungen büffeln.

Tod: Egal wie jung oder gesund jemand ist, jeder wird irgendwann sterben. »Was kommt nach dem Tod?«, bestimmt hast auch du dir diese Frage schon mal gestellt. Vielen macht der Gedanke, dass sie einmal sterben werden, Angst und deshalb versuchen sie ihn zu verdrängen. Das geht auch vielen Christen so. Doch Gott hat ihnen mit Jesus die Angst vor dem Tod genommen und gezeigt: Der Tod ist zwar das Ende des Lebens auf der Erde, aber Christen glauben, dass die Seele weiterlebt und von Gott in sein Reich aufgenommen wird. Der Leichnam des Verstorbenen wird bestattet, aber die Seele lebt weiter.

Vaterunser: Hast du auch manchmal das Bedürfnis, mit Gott zu sprechen und dein Kopf ist wie leer und du weißt nicht, wo du beginnen sollst oder dir fehlen die richtigen Worte? Jesus hat uns für solche Gelegenheiten ein Gebet geschenkt: Er hat schon vor zweitausend Jahren das Vaterunser gebetet. Es wird bis heute von allen Christen auf der ganzen Welt gebetet. Es wurde in alle Sprachen der Welt übersetzt und es kann sogar mit Gebärden gebetet werden. Es ist nicht nur ein besonderes Gebet, weil es auf Jesus zurückgeht. Besonders ist auch, dass das Gebet so etwas wie eine Zusammenfassung ist: In diesem Gebet kommen alle wichtigen Anliegen vor. Wenn du also das Vaterunser betest, kannst du sicher sein, dass du nichts vergisst! Jesus war es aber auch wichtig, dass wir unsere eigenen Gebete erfinden. Das Vaterunser soll eine Art Vorbild sein. Zum Beispiel zeigt es uns, dass wir Gott wie einen Vater anreden dürfen, dass wir ihn duzen dürfen und dass wir ihm alles erzählen können, was uns beschäftigt.

Vatikan: Herzlich willkommen im kleinsten Land der Welt! Es liegt in der Stadt Rom (Italien). Obwohl sogar manches Dorf größer ist als der Vatikan, ist er ein eigenes Land. Im Vatikan ist der Papst zu Hause. Es ist das Zentrum der katholischen Kirche. Es wohnen nur etwa 100 Menschen im Vatikan, die meisten davon sind Nonnen und Mönche und die Schweizergardisten, diese haben die Aufgabe, den Papst zu beschützen. Am Tag sind natürlich auch viele Gäste und Touristen im Vatikan anzutreffen. Eine Sehenswürdigkeit ist der Petersdom.

Viele bezeichnen ihn als schönste Kirche der Welt. Dort feiert der Papst Gottesdienste. Aber auch ein Spaziergang durch die großen vatikanischen Gärten lohnt sich. Der Vatikan hat eigene Briefmarken und auch einen Bahnhof. Aber dort fährt fast nie ein Zug ab, denn wenn der Papst auf Reisen geht, macht er dies meistens per Helikopter oder Flugzeug.

Vergebung: Deine beste Freundin erzählt ein Geheimnis, das du ihr anvertraut hast, einfach weiter. Wie reagierst du? Bestimmt bist du total sauer und willst nichts mehr mit ihr zu tun haben. Aber vielleicht hat sie selber erkannt, dass sie einen Fehler gemacht hat, und entschuldigt sich bei dir. Willst du ihr wirklich vergeben? Jesus hat die Menschen ermuntert, anderen Menschen zu verzeihen und ihnen zu vergeben – nicht nur einmal, sondern immer wieder. Denn auch Gott vergibt den Menschen. Er ist nicht nachtragend. Selbst wenn jemand etwas ganz Schlimmes gemacht hat, dann darf er darauf vertrauen, dass Gott ihm die Schuld vergibt. Gott weiß, dass niemand von uns perfekt ist und jeder mal einen Fehler macht.

Vikar: Eine Pfarrerin, ein Pfarrer, die oder der noch in Ausbildung ist und in seiner ersten Pfarrei oder Kirchengemeinde seine ersten Erfahrungen sammelt. Die Ausbildung nennt man Vikariat.

Wallfahrt: Stundenlang stehen die Menschen im spanischen Kloster Montserrat an, um eine Heiligenfigur zu berühren. Montserrat ist ein berühmter Wallfahrtsort. Viele Menschen aus der ganzen Welt reisen jedes Jahr dorthin. Es gibt viele weitere Wallfahrtsorte. In Deutschland gehören zu den bekanntesten Altötting, Kevelaer, in der Schweiz ist es Flüeli-Ranft. Die Menschen reisen nicht dorthin, weil sie ein Abenteuer erleben oder eine wunderschöne Landschaft sehen wollen. An all diesen Orten haben > Heilige gelebt. Die Heiligen haben den Ort geprägt, er hat deshalb eine besondere Atmosphäre. Viele Menschen begeben sich auf eine Wallfahrt, weil sie ein wichtiges Gebetsanliegen haben, weil sie sich mit dem Leben der Heiligen beschäftigen wollen oder neue Impulse für ihr Leben bekommen wollen. Wallfahrten können mit dem Bus, mit dem Zug, mit dem Schiff oder auch zu Fuß unternommen werden.

Weihe: In der katholischen Kirche wird ein Pfarrer in einem feierlichen Gottesdienst vom Bischof geweiht. Der Pfarrer verspricht dabei, dem Bischof ein Leben lang gehorsam zu sein und im > Zölibat zu leben. Die Priesterweihe ist ein > Sakrament. In der evangelischen Kirche gibt es keine Priesterweihe.

Weihnachten: Was darf für dich an Weihnachten auf keinen Fall fehlen – der Weihnachtsbaum, die Geschenke, das Beisammensein mit der Familie? Weihnachten ist eigentlich eine

Geburtstagsparty: Die Christen feiern die Geburt von Jesus. Natürlich werden an Heiligabend statt »Happy Birthday« Weihnachtslieder gesungen. In manchen von ihnen wird Jesus »Licht der Welt« genannt. Als Jesus vor über zweitausend Jahren in Betlehem geboren wurde, war er für die Menschen ein Zeichen der Hoffnung – so etwas wie ein Licht in der Dunkelheit. Christen glauben, dass Gott mit Jesus Mensch geworden ist. Das Besondere dabei: Er kam nicht als mächtiger Königssohn in einem prunkvollen Palast zur Welt, sondern als ganz gewöhnliches Kind in einem Stall. Damit wird sichtbar, dass es Wichtigeres gibt als Reichtum und Macht. Gott möchte damit aber auch zeigen, dass er auch jenen Menschen, die kein Geld haben oder nicht mächtig sind, besonders nah ist. Auch die Ersten, die den Weg zur Krippe fanden, waren keine wohlhabenden und einflussreichen Leute: Hirten auf den Feldern hörten die Botschaft des Engels, folgten dem Stern von Betlehem zu Jesus. Die Kerzen, die am Adventskranz, am Weihnachtsbaum und in den Häusern brennen, erinnern an dieses besondere Ereignis. Jesus ist auch für die Menschen heute ein Licht im Dunkeln. Auch wenn es uns schlecht geht oder es in der Welt viele Kriege gibt, dürfen wir auf Gott vertrauen.

Weihrauch: Wenn es an Ostern, Weihnachten und anderen wichtigen Festen in einer katholischen Kirche raucht, musst du nicht gleich die Feuerwehr alarmieren. Es handelt sich um Weihrauch, der während des Gottesdienstes verwendet wird. Die Gläubigen sollen auch riechen: Heute ist ein besonderer Festtag! Der Weihrauch steigt zum Himmel hinauf und ist damit ein Bild für alle Gebete, die die Menschen an Gott richten. Schon vor zweitausend Jahren wurde Weihrauch bei wichtigen religiösen Ereignissen verwendet. Und auch Jesus in der Krippe bekam von den Heiligen drei Königen Weihrauch.

Weihwasser: Wie viele Liter Wasser verbrauchst du jeden Tag? Zum Trinken, zum Kochen, zum Waschen ... Täglich benötigen wir eine Menge Wasser. Ein Leben ohne Wasser wäre nicht möglich. In katholischen Kirchen steht gleich beim Eingang ein Becken mit Wasser. Es ist nicht dafür gedacht, dass sich die Gläubigen damit die Hände waschen. Sie benetzen ihre Finger mit dem Wasser und machen ein Kreuzzeichen. Sie wollen damit sichtbar machen: »Ich glaube an den dreieinigen Gott.« Das Wasser wurde vom Pfarrer geweiht. Er sprach ein Gebet über dem Wasser. Dieses besondere Wasser erinnert an die Taufe und soll die Menschen von ihren Sünden reinigen.

Wunder: »Das ist wie ein Wunder!«, säuseln zwei Verliebte manchmal in kitschigen Lieblingsfilmen. Vielleicht hat sich auch deine Mutter schon mal riesig über einen Blumenstrauß gefreut und gerufen: »Einfach wunderschön!« Und manchmal hört man im Radio: »Wie durch ein Wunder blieben alle unverletzt.« Man bezeichnet etwas als Wunder, das außergewöhnlich ist oder das man nicht erklären kann. Ähnlich ist es mit den Wundern in der Bibel: Jesus hat viele Wunder vollbracht. Er hat zum Beispiel einem Gehörlosen das Gehör geschenkt oder einen Lahmen geheilt, sodass er wieder gehen konnte. Eines der bekanntesten Wunder: Er hat mit nur sieben Broten und fünf Fischen fünftausend Menschen satt gemacht. »Das ist doch gar nicht möglich!«, sagten schon damals die Zweifler. Ja, logisch lässt sich das nicht erklären. Jesus war kein Zauberer. Es ging ihm nicht darum, andere Menschen zu verblüffen oder begeisterten Applaus zu ernten. Die Wunder sollten die Menschen ermutigen, stärker an Gott zu glauben und zu verstehen, wie mächtig er ist. Wunder sollen uns Hoffnung machen. Auch wenn du mal denkst: »Es ist alles aussichtslos, es sieht ganz danach aus, dass es schlecht ausgeht«, kann ein Wunder geschehen.

X: Spürnasen aufgepasst, dieser Buchstabe ist ein Geheimzeichen! In vielen alten christlichen Kirchen ist irgendwo auf einer Wand ein X zu finden. Was steckt dahinter? Die Christen haben den Buchstaben früher verwendet, um anderen Christen zu zeigen, wo sich eine Kirche befindet. X ist der griechische Buchstabe für unser »CH« – es ist der Anfangsbuchstabe von XRISTOS – dem griechischen Wort für > Christus.

Zehn Gebote: Ein Leben ohne Regeln und Verbote – wäre das nicht traumhaft? Man könnte tun, was man will. Doch wahrscheinlich würde gleich das große Chaos ausbrechen: Die Nachbarn würden rund um die Uhr laut Musik laufen lassen, jeder würde ständig in die Geschäfte einbrechen und im Restaurant würde niemand mehr bezahlen – eine verrückte Vorstellung! Eine Welt ohne Regeln wäre auch gefährlich. Stell dir vor, niemand würde mehr bei Rot an der Ampel stehen bleiben! Überall, wo Menschen zusammenleben, braucht es Regeln. Eine der ältesten Sammlungen von Regeln sind in der Bibel zu finden: die Zehn Gebote. Sie sind keine Erfindung eines Menschen. Mose erhielt auf dem Berg Sinai von Gott zwei Tontafeln mit den Zehn Geboten. Sie sind aber keine Verbote, sondern Tipps, die das Zusammenleben erleichtern. In den Zehn Geboten sind Anleitungen für alle wichtigen Lebensbereiche zu finden wie zum Beispiel: Man soll auf Lügen verzichten, über niemanden schlecht reden, man soll nicht stehlen und niemanden töten und respektvoll mit seinen Eltern umgehen.

Zölibat: Katholische > Pfarrer dürfen nicht heiraten. Das hat die katholische Kirche im 11. Jahrhundert so festgelegt. Sie erklärt es damit, dass auch Jesus keine Frau gehabt hatte und das ganze Leben unverheiratet blieb. Für den Pfarrer sei es einfacher, wenn er keine Familie hat. Er kann sich ganz auf seine Aufgaben in der Gemeinde konzentrieren und es stört auch niemanden, wenn er mal mitten in der Nacht um Hilfe gebeten wird. Heute wird das Zölibat aber oft kritisiert, viele finden es nicht mehr zeitgemäß und sind überzeugt, dass es für einen Pfarrer vielleicht sogar schöner wäre, nicht allein zu sein und sich mit jemandem über seine Sorgen austauschen zu können.

Sigg, Stephan
Das kleine Lexikon des Glaubens
ISBN 978 3 522 30599 0

Illustrationen: Susanne Göhlich
Umschlag: Tina Schulte
Einbandtypografie: Doris Grüniger, Buch und Grafik
Innentypografie: Tanja Haaf
Reproduktion: HKS-artmedia GmbH, Ostfildern
Druck und Bindung: Livonia Print, Riga

MIX
Papier | Fördert
gute Waldnutzung
FSC
www.fsc.org FSC® C002795

Ein philosophisches Kinderbuch über die großen Fragen des Lebens

Rainer Oberthür, Marieke ten Berge

So viel mehr als Sternenstaub

64 Seiten · Gebunden
ISBN 978-3-522-30499-3

Mit diesem Buch begegnen Kinder Gott ganz neu. In poetischen Bildern und kurzen Texten erfahren sie von der großen Liebe Gottes, davon, wie man mit ihm sprechen kann, auch wenn man ihn nicht sieht, wie man sich bei ihm geborgen fühlen kann trotz Angst und Zweifeln. So erleben sie Stück für Stück, dass Gott etwas mit ihrem Leben und Alltag zu tun hat. Denn je länger man über Gott nachdenkt, desto mehr erfährt man auch über sich und die Welt.

GABRIEL
Was wirklich zählt!